RECURSOS HUMANOS

Volumen II

Desafíos Profesionales

Aprende el arte de liderar equipos efectivos.

RECURSOS HUMANOS

Volumen II Desafíos Profesionales ©

Serie: Recursos Humanos

Edición de lujo – Tapa Blanda

Escrito, ilustrado y editado por:

Marbella Yeniree Moya Ochoa

Derechos reservados © 2023

Primera edición ISBN: 9798397300179

Ediciones independientes

Caracas – Venezuela

Contenido general

DEDICATORIA

A Dios y a la Virgen Santísima.

A mi madre y padre Xiomara y Pedro.

A mis hermanas Mara y Linda.

A mis amados Valeria, Samuel, Santiago,

Miguel, Mateo y a mi Alfrides Miguel.

Mi eterno amor con ustedes.

PRÓLOGO

Apreciado lector, te doy la más cordial bienvenida a este gran libro Recursos Humanos y los Desafíos Profesionales, donde vamos a recorrer los principales secretos que debes fortalecer durante los doce meses del año.

Vamos a potenciar tu mente brillante a partir de la práctica real de tus habilidades, porque más que secretos que terminaría siendo puros escritos absurdos, se vuelven reales si los practicamos con la mayor determinación y firmeza. Estás aquí leyendo este libro para asumir un compromiso contigo mismo, pues las siguientes páginas van a ser todo un Gran Reto para ti.

¿Lo asumes?

Si es así sigue leyendo porque las mentes brillantes son las que se entrenan cada día y jamás se vencen.

Las habilidades se entrenan al máximo, de manera flexible y comprensiva; pero lo más importante es tu compromiso para seguir adelante.

Lo primero que voy a pedirte es que compartas todo lo aprendido en este libro, con el mejor comentario sobre esta gran experiencia.

Voy a darte unas técnicas específicas para potenciar tu bienestar personal y laboral, vas a proyectarte con lo mejor de lo mejor y lo más importante es que es 100% práctico cada secreto.

Se acabaron las excusas de decir este libro es un fastidio y no me interesa, todo lo contrario cada secreto es un entrenamiento para tu vida, porque es la manera como te comprometes con tu vida profesional.

Vas a realizar estos ejercicios que te voy a colocar en este libro, es tu momento, vamos a ir recorriendo estas habilidades vinculadas al éxito, de manera conductual, creativa y muy participativa.

Así que nuevamente bienvenida y bienvenido nuevamente a este gran reto de los Recursos Humanos y los Desafíos Profesionales.

Mi segundo libro de la Serie Recursos Humanos.

¡Gracias infinitas por leerme!
LA AUTORA

INTRODUCCIÓN

Hola mi nombre es Marbella Yeniree Moya Ochoa y antes que empecemos a leer con mucho detalle este libro quiero que me conozcas.

Soy yo presidenta de la Fundación Educando para la Paz y solamente en el año 2021 llegamos a más de 80.000 personas en 124 países a través de las continuas formaciones que tenemos en el ámbito profesional y humano en FEPAZ World Academy, ha sido de manera mágica, con un trabajo lleno de amor de años, porque todo empezó con una formación ciudadana para niños y paulatinamente fuimos creando programas de formación profesional, en talento humano, en bienestar laboral, bienestar humano.

Fortaleciendo los derechos humanos, como persona garante de esa dignidad humana extraordinaria que tienes con este libro, vengo a darte un Gran Reto para presentarte lo mejor de lo mejor, para llevar un año exponencial.

Voy a darte prácticas específicas para que lo pongas a tu favor, porque llegó el gran año de tu vida y todo parte con estas 12 maravillosas prácticas que reuní de manera muy detallada.

Soy politóloga, escritora y administradora de profesión, graduada en la Universidad Central de Venezuela y también de la Universidad Nacional Experimental Simón Rodríguez en

Venezuela, paulatinamente, sigo con muchas formaciones académicas, logrando tener más de 13 años de experiencia y traerte este gran reto reunido en estos 12 desafíos profesionales, de una manera humana, sencilla, amena, sin complicaciones.

Mi metodología es propia, he traído una metodología supremamente audaz, pensando siempre de manera exponencial, que la educación debe romper esos estereotipos que no nos sirven de nada, pensar exponencialmente dando un salto a la luna, es decir, de la tierra a la luna, sólo así la educación cobra esa transformación que todos los seres humanos necesitan.

En este momento hemos pasado por muchas cosas, los últimos años han sido de muchas transformaciones personales, a nivel de salud, emocional, personal, y qué decir del ámbito laboral; así que mi intención con este libro es que lo asumas como un Gran Reto, que tomes la ventaja a tu favor.

Estos 12 secretos, reunidos en 12 prácticas para que cada mes del año los practiques, concentraditos, así como una píldora, lo más concentrado, explicar 12 secretos sin practicar los 12 meses del año sería tirar todo lo aprendido a la basura, por tal motivo, detallo muchísima información y reuní lo mejor de lo mejor, investigando día y noche.

No sabes los meses que llevo trabajando con este libro que sin duda alguna es un gran reto, porque no nace solamente con este libro, que es el resultado final; reuní lo mejor para transformar por completo tu vida personal y laboral como consecución del primer libro Recursos Humanos Habilidades Ágiles de la Serie.

Te voy a pedir un gran favor por estar leyendo este libro comenta en redes sociales y comparte qué te ha parecido este libro.

Quise darte mucho más allá de un simple libro que lees un día y listo, se cerraron las páginas.

Es abrir por completo tu transformación de vida personal y laboral desde la práctica continua. Si un día te ejercitas, deberás continuar porque tu mente brillante es un músculo que se ejercita siempre sin detenerte.

Como un entrenamiento mental y físico, quiero involucrarte a ti, es de vital importancia saber qué opinas de todo este gran reto, y colócalo subrayado siempre te reto, en todos mis cursos de formación, en todos mis libros, en todo lo que hago con FEPAZ World Academy y con la Fundación Educando para la Paz – FEPAZ World. Y ahora más con ARH Internacional.

Es poner aquí tu mente a funcionar, romper los moldes mentales, salir de tu zona de confort y saltar ese cuadrado que en la educación tradicional siempre nos colocaron el momento de avivar el líder el profesional la persona que me está escuchando; a través de este libro avivar esa gran persona, ese gran ser humano maravilloso que vive en ti todo para construir un mundo mejor.

Así que bienvenido y/o bienvenida a este gran reto me llena de mucho este gran reto el exponencial.

***

RECURSOS HUMANOS

Volumen II

Desafíos Profesionales

Primer Secreto

LA FLEXIBILIDAD

Para ser aplicada en el mes de ENERO

CAPÍTULO I

Primer Secreto

Voy a empezar desde ya con un elemento imprescindible para afianzar un bienestar laboral de manera impactante y contundente empezamos con la flexibilidad, es que la pandemia nos ha enseñado a dejar esa rigurosidad y adaptarnos continuamente a los cambios.

A partir de esta flexibilidad vamos a ir mutando las condiciones donde se nos abran las puertas, es decir, esos trabajos tradicionales "para toda la vida", "casarme con un trabajo para siempre"; se quedaron atrás, así que un elemento de la flexibilidad es ir rotando y expandiéndote. Ejemplo de esto es, si tienes un ingreso visualiza otros y potencia a tu favor.

A continuación te presento el primer ejercicio que te propongo para incrementar esta flexibilidad.

Lo primero que deberás realizar siempre es tomar tu cuaderno de trabajo, lápiz y papel a la mano, y vas a ir añadiendo cada una de estas habilidades y estos ejercicios que te voy a poner en cuanto a la flexibilidad.

Lo segundo, es que tomes diferentes puestos de trabajo, otras opciones laborales, puedes tener uno central, pero trata de ramificarlos, de consultar a través de internet.

¿Qué otras opciones vas a
tener para adaptarte a
esto?

Busca opciones, por ejemplo la red social Linkedin, revisa antes tu imagen, lo que vas a proyectar con estas redes sociales es de vital importancia que la tengas de primera mano y empieces a buscar allí las posibles ofertas que se adapten a tu perfil, explora todas las semanas, que no quede una semana sin esa búsqueda intensiva de nuevos puestos de trabajo.

Como te menciono, si tienes un empleo que te remuneran bien, es perfecto pero busca otro que será complementario.

Así que estos nuevos términos se adaptan al teletrabajo en tus horas donde no tengas ese trabajo de 7 a 5 de la tarde, que no tengas un trabajo fijo busca también otra fuente de ingreso.

Es necesario evitar aquí, en este término de la flexibilidad, es que tomes el emprendimiento como una opción duradera.

Más adelante voy a explicarte sobre este término pero aquí siempre se empático constante y con mucho compromiso de tu parte para esa búsqueda intensiva como te digo la pandemia nos está enseñando a tomar este ingrediente de ser flexibles, modestos al cambio de manera consecutiva, tómalo como una ventaja a tu favor si lo pones en práctica en tu búsqueda intensiva de otras fuentes de ingresos de oportunidades tendrás de seguro el mayor de los éxitos.

***

Mapa Mental N° 1

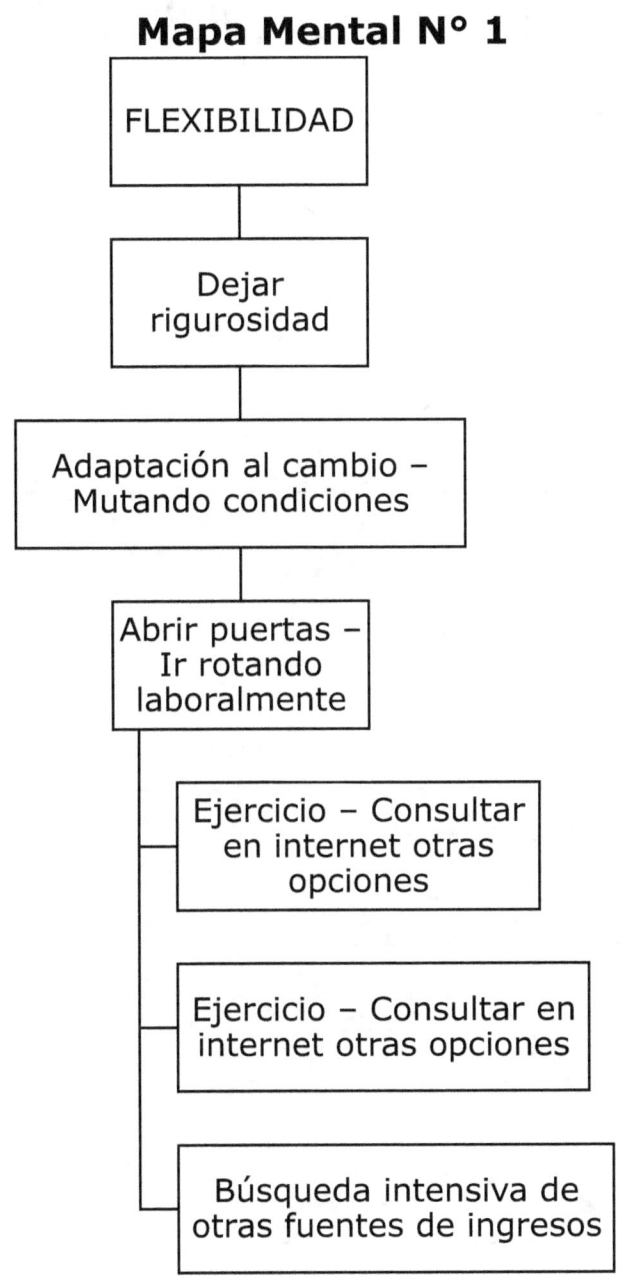

Tu Mapa Mental N° 1

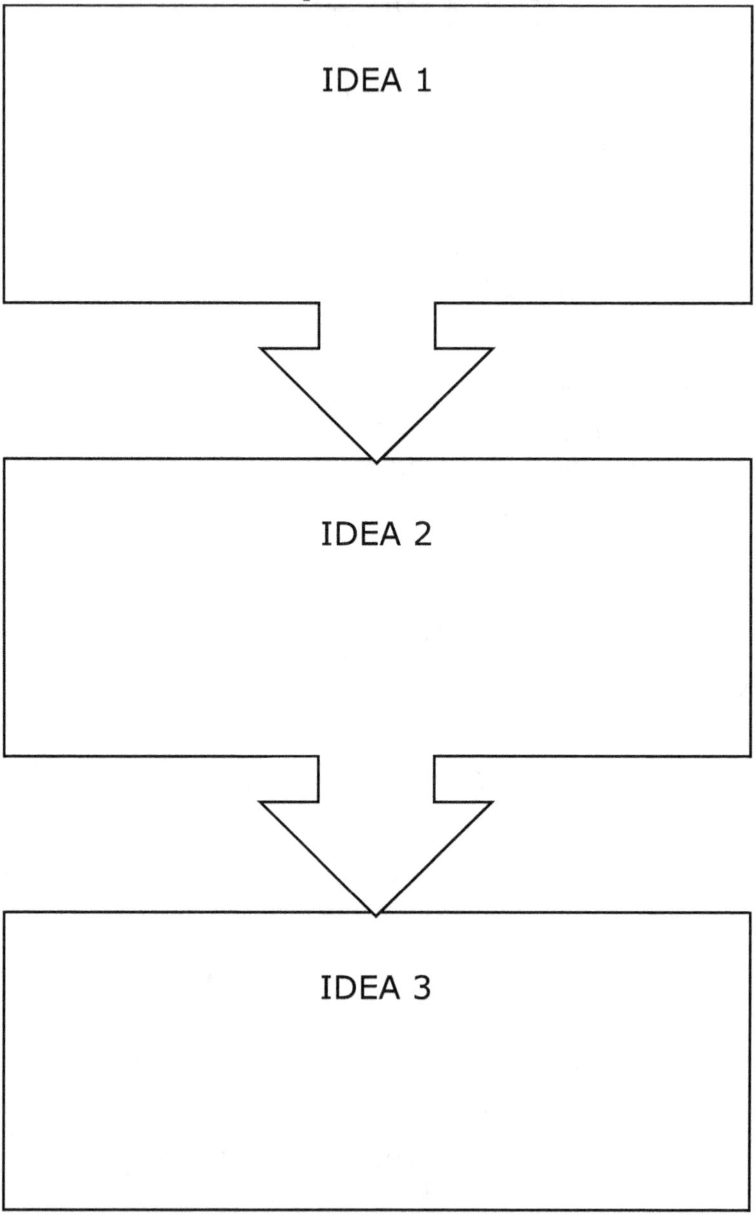

IDEA 1

IDEA 2

IDEA 3

SEGUNDO SECRETO

AUTOREGULACIÓN

Para ser entrenado en el mes de FEBRERO

CAPÍTULO II

Segundo Secreto

Haciendo énfasis de lo anteriormente señalado, estas prácticas no son de la noche a la mañana que se tienen, no se crean por sí solas.

En una fuente de agua que brota tal conocimiento, es todo lo contrario, se necesita mucho enfoque para lograr ser el mejor profesional y parte del liderazgo que debe imperar en ti es que si bien empezamos con la flexibilidad y ahora la autorregulación, suma en tu vida un precepto que deberás ponerlo a tu favor.

Sabiendo que vas a ir midiendo los objetivos que te has propuesto busca poco a poco con ese lápiz y papel que vas a tener en cualquier momento. Tener iniciativa propia en tu lugar de trabajo, de manera presencial, también involucra lo siguiente.

¿Qué tan efectivos son tus objetivos?

Ponte en metas a corto mediano y largo plazo. Un ejemplo de esto es que estas leyendo este libro como un gran reto en tu vida es que ejercites poco a poco, tal cual lo realizaste con la flexibilidad, buscando fuentes de ingresos.

En la autorregulación vas a evaluar la realidad que tienes hoy y la que tú esperas y de manera consecutiva, es necesario mirar la autorregulación como una autodisciplina que debes tener en tu vida laboral.

Las cosas del éxito laboral son el resultado de sentirte pleno, como una persona que está teniendo ingresos, que está gozando del éxito a nivel de su vida totalmente; no es de la noche a la mañana, es constancia de esa autorregulación de medir objetivos determinados.

Por ello deberás detallar al máximo lo que deseas escribirlos en lápiz y papel no pueden pasar por desapercibidos los detalles. Tienen que estar allí te dejo esto para que los ejercites como punto inicial durante el mes de febrero repito enero con flexibilidad, febrero como autorregulación.

***

Mapa Mental N° 2

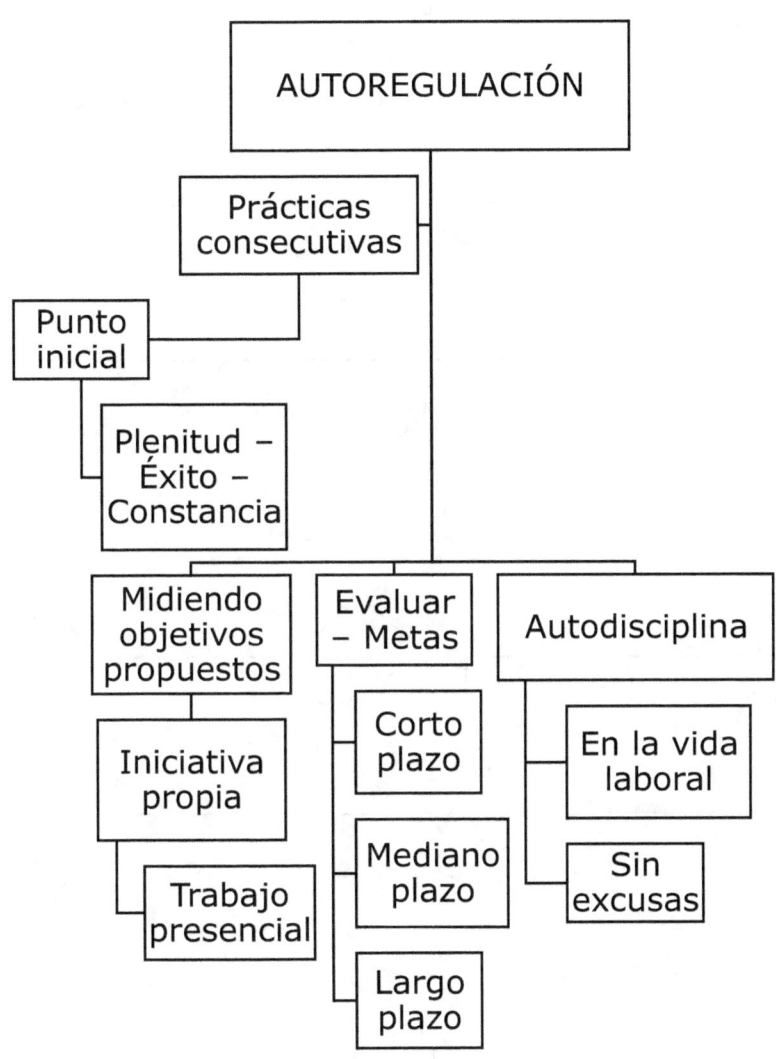

Tu Mapa Mental N° 2

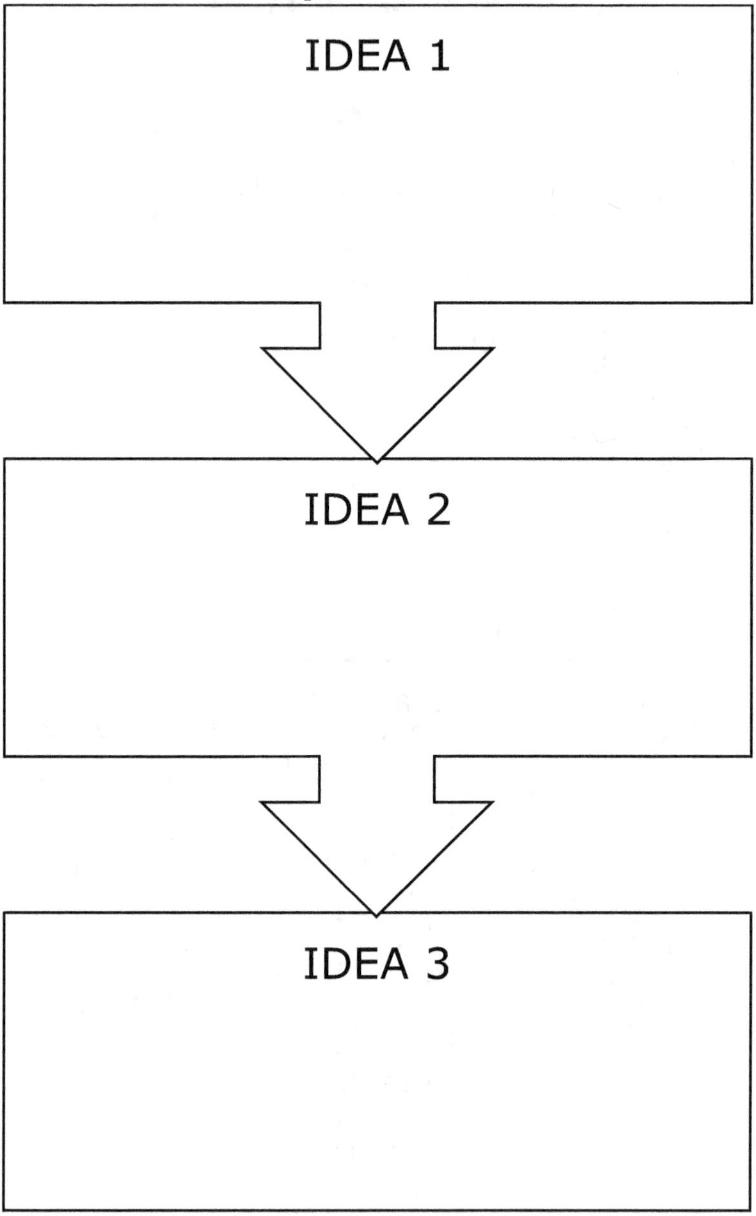

IDEA 1

IDEA 2

IDEA 3

TERCER SECRETO

APRENDIZAJE CONTINUO

Para ser entrenado en el mes de MARZO

CAPÍTULO III
Tercer Secreto

Vas a explorar nuevos aprendizajes, es decir, continuamente involúcrate de una manera determinada y contundente en tu vida laboral no desperdicies ningún instante y el hecho que estés aquí leyendo este libro es un gran reto para ti, porque significa que quieres aprender, nuevas formas y cosas a nivel laboral.

*¿Cómo te puedes
proyectar con este
aprendizaje continuo?*

La respuesta a esta interrogante es a través de cursos, talleres, lectura todos los días, para ello complementa este libro con toda la Serie de Recursos Humanos.

Para proyectar aún más estas habilidades del gran reto que te estoy diciendo en ese momento, con este aprendizaje continuo toma igualmente el lápiz y papel.

A continuación busca aprender nuevas formas, por ejemplo, si eres el abogado busca aprender otras cosas que pueda nutrirte, no te quedes solamente en los términos jurídicos sino otras disciplinas que alimenten tu desarrollo profesional. Una de estas es el área de la tecnología, que para todas las carreras lo pongo como un motivador, es un área que debe aplicarse a todas por igual, así como la salud también lo es, si lees a lo largo de la Serie Recursos Humanos, gira en torno a muchas cosas de ellas aplicadas en el área del bienestar laboral y aquí estos nuevos saberes te van a traer mayor consolidación profesional.

No solamente un currículo vitae, una hoja de vida, como lo quieras llamar, sino todo ese panorama de posibilidades y de lo que te mencionaba anteriormente, de buscar nuevos emprendimientos el autoempleo y buscar nuevas opciones.

¿Cómo te proyectas a nivel profesional con este aprendizaje continuo?

***

Mapa Mental N° 3

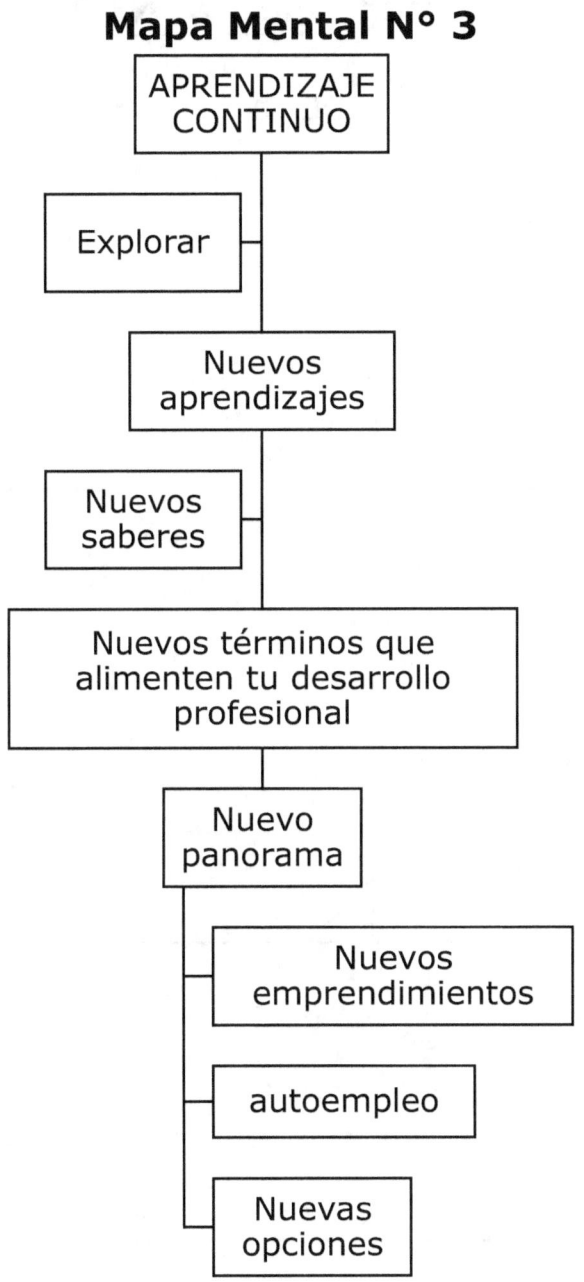

APRENDIZAJE CONTINUO

Explorar

Nuevos aprendizajes

Nuevos saberes

Nuevos términos que alimenten tu desarrollo profesional

Nuevo panorama

Nuevos emprendimientos

autoempleo

Nuevas opciones

Tu Mapa Mental N° 3

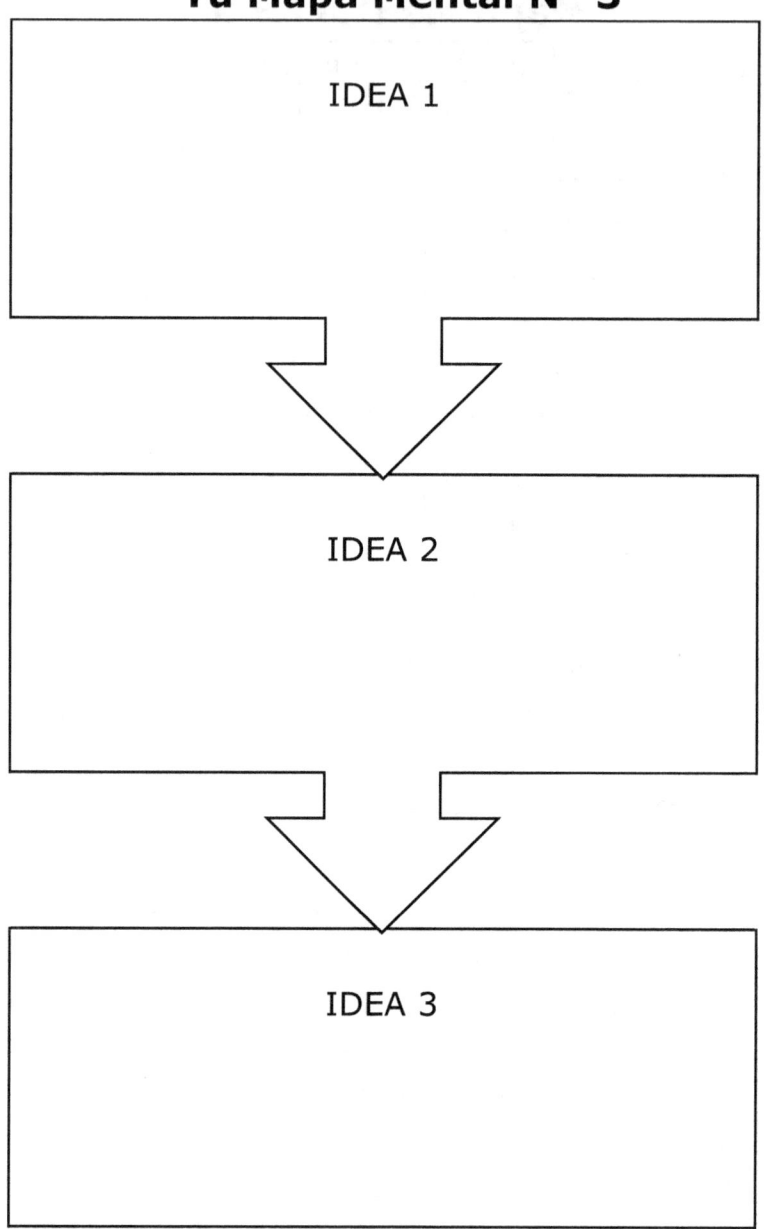

CUARTO SECRETO

TRABAJO EN EQUIPO

Para ser entrenado en el mes de ABRIL

CAPÍTULO IV
Cuarto Secreto

Aquí lo primordial es que empieces a ver que la manera de aislarte no es una opción, no debes aislarte como una opción de vida a nivel laboral debe siempre trabajar en equipo aunque pueden ser freelance, trabajador autónomo, aunque puedas ser un emprendedor, siempre trabajar en equipo y fortalecer las relaciones con otras personas pueden ayudarte a dar esas referencias que debes tener en tu vida personal y laboral.

Proyectar, te permite agarrar
información de otras personas que
pueden nutrir lo que tú estás diciendo y
haciendo.

Vas a tomar como una práctica
constante, buscar las personas que más
instruidas estén al lado tuyo y verificar
las opiniones que tienen respecto a
nuevas posibilidades de empleo.

¿Qué referencias te
pueden dar?

¿Cómo son sus trabajos?

*Aquí es de vital
importancia saberlo,
porque empiezas a decir.*

"Si esta persona está trabajando de esta manera, yo prefiero tener un trabajo mucho más tranquilo, pesado, armónico".

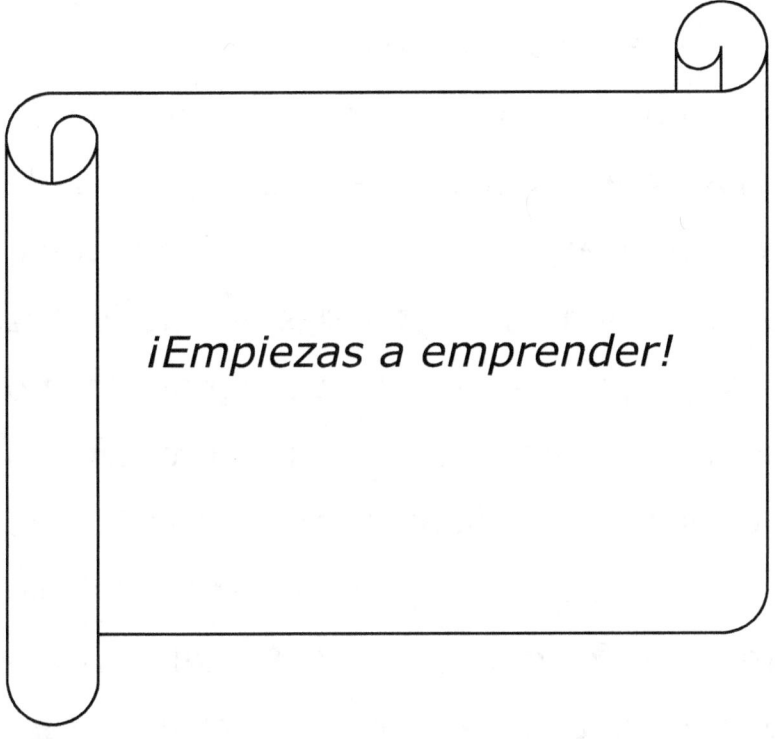

¡Empiezas a emprender!

Como te digo, esto es una premisa fundamental durante el gran reto que has asumido con la ventaja a tu favor, con este trabajo en equipo, porque puede ser de manera colaborativa.

Por ejemplo: Si una persona está en un excelente puesto de trabajo, te puede recomendar, si una persona que está emprendiendo, tú puedes venderle tus propios productos, así que tomarlo como esta retroalimentación, este intercambio de ideas y de mercancías de servicios o de productos, se convierte en tu propio imán profesional para proyectarse hacia un bienestar duradero con este gran reto anual.

***

Mapa Mental N° 4

Tu Mapa Mental N° 4

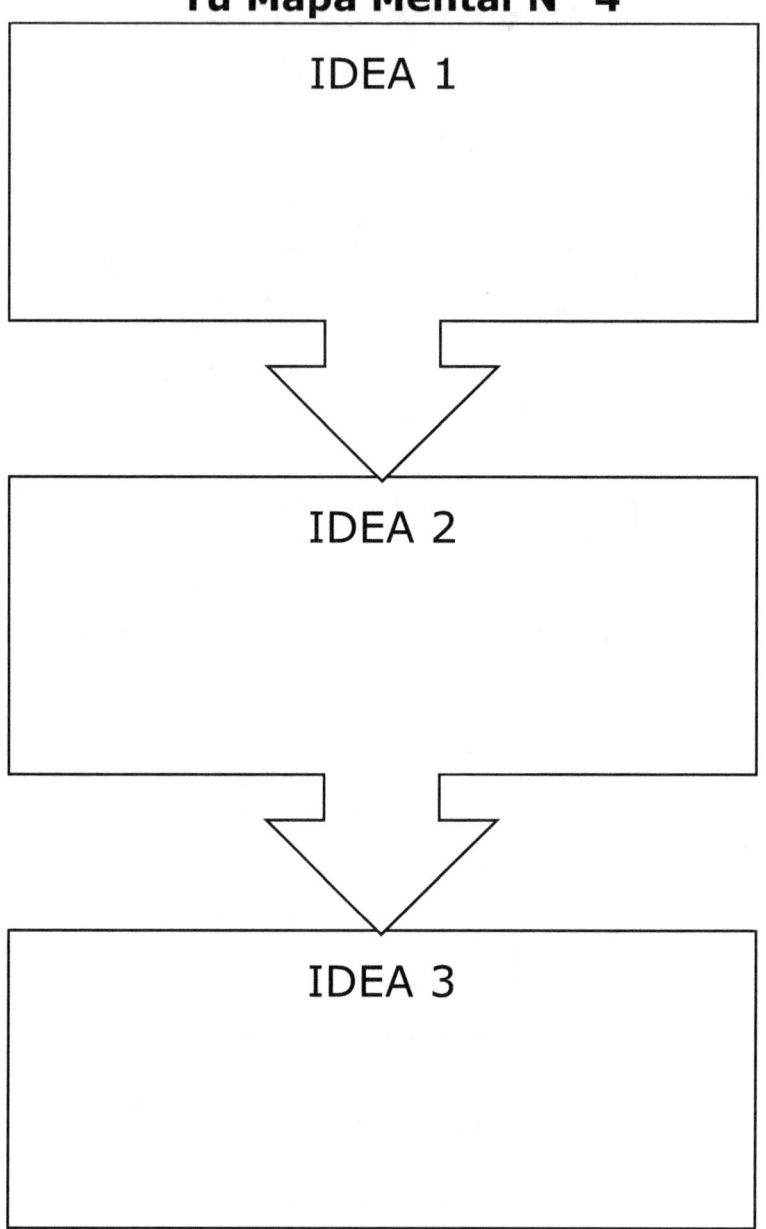

QUINTO SECRETO

CON ORIENTACIÓN DE RESULTADOS

Para ser entrenado en el mes de MAYO

CAPÍTULO V
Quinto Secreto

La planificación cobra vida para dar resultados. Porque planificar continuamente, todos meses, es imprescindible.

Un año sin planificación está destinado a un fracaso asegurado y te lo puedo decir, porque soy mentora, me sigues a lo largo de todo este libro, a lo largo de mis cursos y mis redes sociales, ves que siempre trato de orientarte hacia esa calidad de vida que te mereces, la planificación es la que te dará ese camino seguro.

Como viendo mis resultados, mi vida laboral con perfecto orden.

En enero, empezaste con flexibilidad, en febrero, marzo, abril; estamos en mayo de la planificación.

¿Cómo te orientas?

Revisa

¿Cómo esta planificación
impacta en tu vida?

*Aún no estamos a mitad
de año así que este quinto
mes empieza a ver.*

¿Cómo está la transmisión de todo este conocimiento que estás aprendiendo?

¿Estás siendo flexible?

¿Cómo está en mayo tu orientación de resultados?

Si has logrado cumplir los objetivos que te propusiste en el mes de enero.

¿Sí o no?

¿Qué es lo que debes
realizar?

Eso va a depender de ti exclusivamente, lo que debes hacer para lograrlos y si no modificarlos, para estar tranquilo y no construir balsas y balsas de fracasos, porque está bien que un fracaso te puede ayudar a entender lo siguiente.

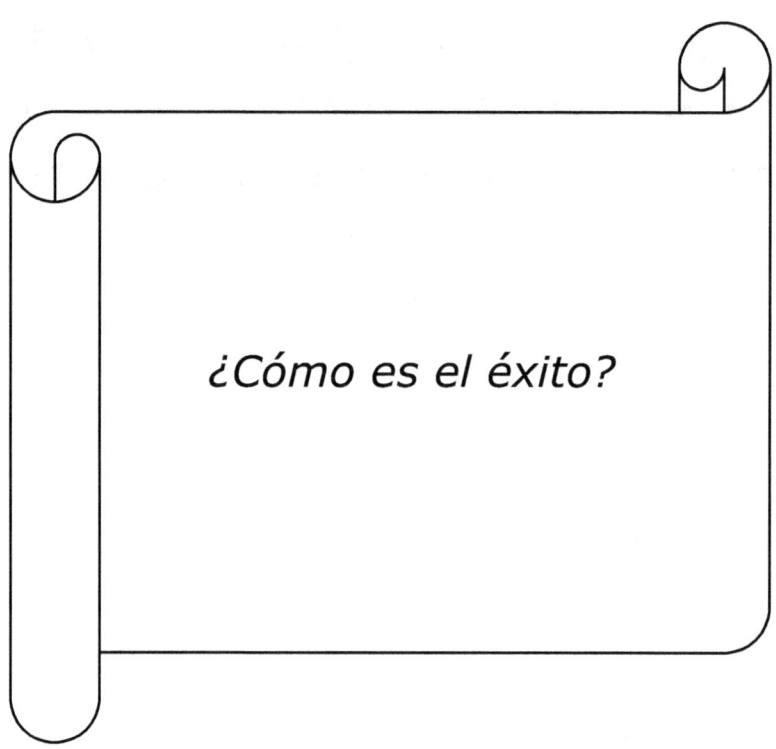

¿Cómo es el éxito?

Pero, lo que nos hace impedir esos triunfos son los continuos fracasos, abandonar lo que hemos empezado, así que mi invitación es que paremos de sufrir, no vinimos al mundo a ser desdichados, si has sufrido internamente, pues mi invitación a ver más allá.

¡Vinimos a ser felices!

Así que en esta orientación de resultados la clave es ser más eficiente, a través de la planificación, esta es una cita con este secreto "la planificación" en este mes de mayo.

¡La planificación exponencialmente de una manera detallada contundente y determinada!

Con lápiz y papel a la mano, anota tus objetivos y si no los estás logrando, es momento de modificarlos y añadir otros que sí sean medibles y alcanzables, a corto plazo, revisas si los alcanzaste, luego más a mediano plazo, verificas lo que alcanzaste y a largo plazo vuelves hacer lo mismo.

Mapa Mental N° 5

CON ORIENTACIÓN DE RESULTADOS

Planificación

Resultados

Opuesto al fracaso

Ver resultados eficientes

Perfecto orden

Lo que haces para lograr objetivos medibles y alcanzables

Triunfos continuos

Corto, mediano y largo plazo

Tu Mapa Mental N° 5

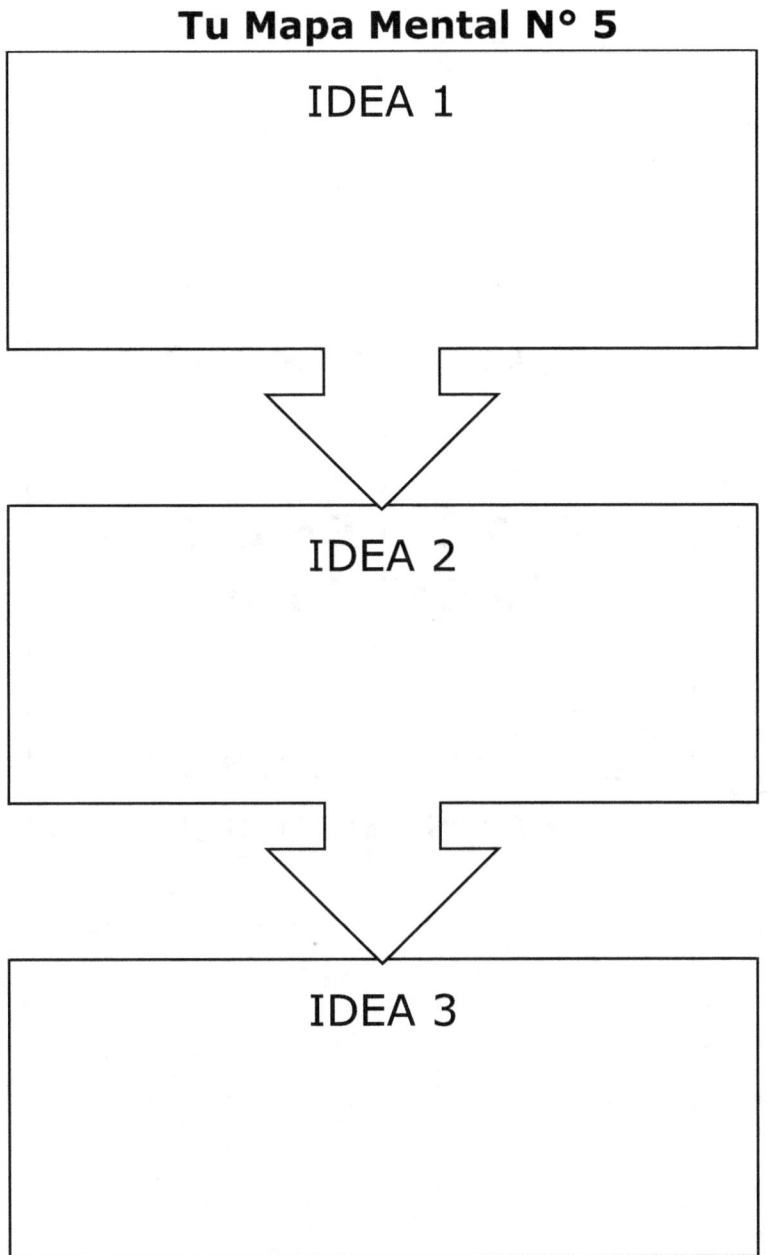

SEXTO SECRETO

MANEJO DE LAS EMOCIONES

Para ser entrenado en el mes de JUNIO

CAPÍTULO VI
Sexto Secreto

En este mundo sin manejo de las emociones estamos condenados a repetir el círculo vicioso de los fracasos, de las decepciones y de las continuas frustraciones.

Si bien en enero empezamos un año para sanarnos desde el alma también es cierto que casi a mitad de año que es junio, vas a empezar otra vez a revisar.

¿Cómo están tus
emociones?

¿Cómo las manejas?

Así que evita todo lo que no es importante, aquí la resiliencia, la inteligencia emocional, es clave, pero también esa inteligencia cognitiva que debe estar a tu favor para evitar cuestiones de mala salud, estrés, depresión y malos tratos también hacia los demás, por decisiones no tan acertadas en este manejo de las emociones vas a empezar a realizar esta práctica que te menciono a continuación.

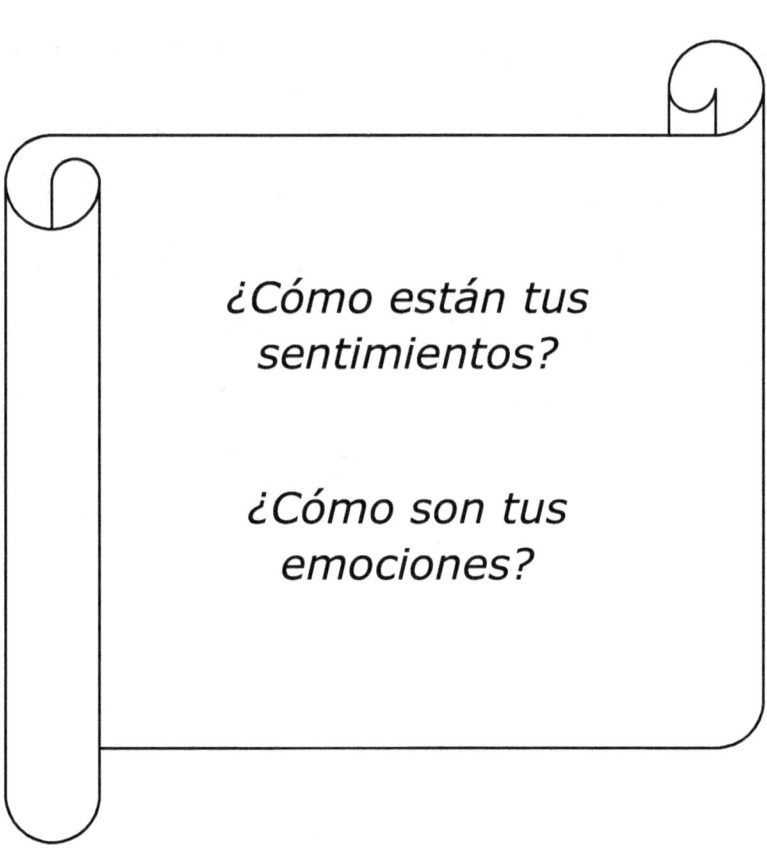

¿Cómo están tus
sentimientos?

¿Cómo son tus
emociones?

Aquí empieces a revisar lo de mayo, porque orientar los resultados no funciona sin este manejo de las emociones; por ejemplo, no puedes hablar si estás deprimido.

A mitad de año era manejar esas emociones de manera racional es fundamental, pero también aplicando el corazón así que es necesario que veas cómo te sientes en junio.

Revisa y toma apuntes en el cuaderno de trabajo que está al final del libro.

¿Qué tanto tomas conciencia de tus emociones a diario?

Anota mes a mes.

¿Cómo ha sido tu progreso?

Si hay algo que te incomoda en el momento de aliviar tu corazón, únicamente para que todo ese aprendizaje y todo ese cambio de adaptación que estás viviendo en tu vida se den a plenitud.

Que el momento de ser flexible con estas emociones también tienes que ser flexibles, para aprender que muchas de ellas deben ser valoradas desde el entendimiento y la comprensión por ti mismo, si hay cosas que estás pasando en tu vida, ya sean positivas o negativas como las quieras ver; es momento de revisarlas para agradecer lo que estás pasando y soltar.

En este momento has llegado a junio perfeccionando cada momento de tu vida personal y laboral y vas creciendo sin detenerte a llorar, porque es más

importante y en este reto de junio; ver el
manejo de las emociones, desde el
corazón y la mente, para proyectar y
hacer una acción de corregir cuando sea
necesario las emociones para tu
bienestar.

Mapa Mental N° 6

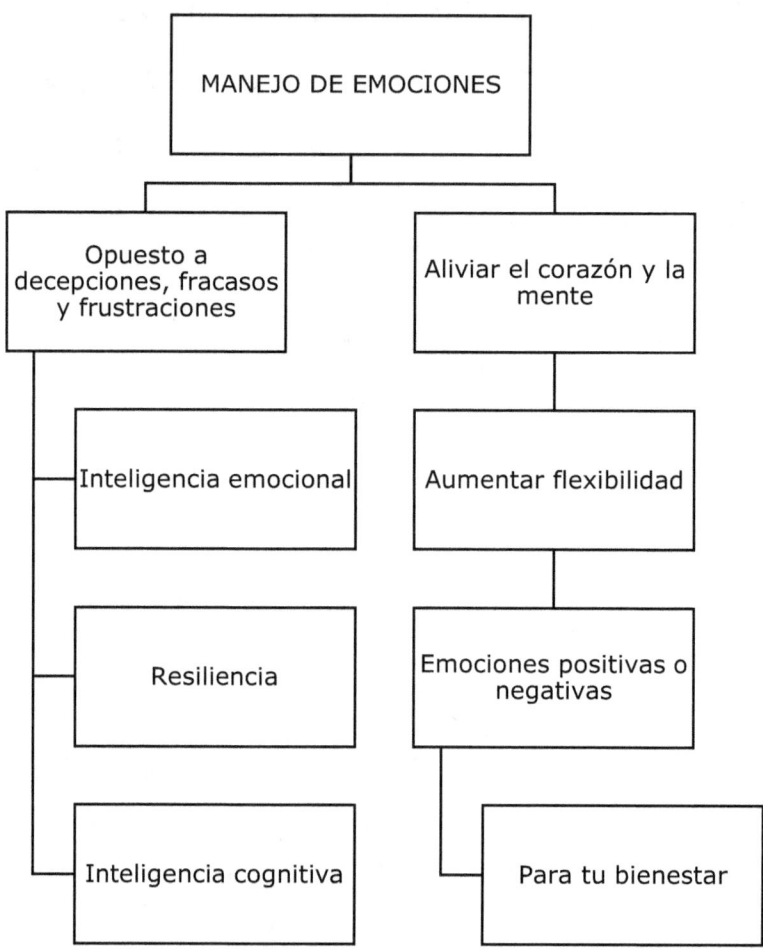

Tu Mapa Mental N° 6

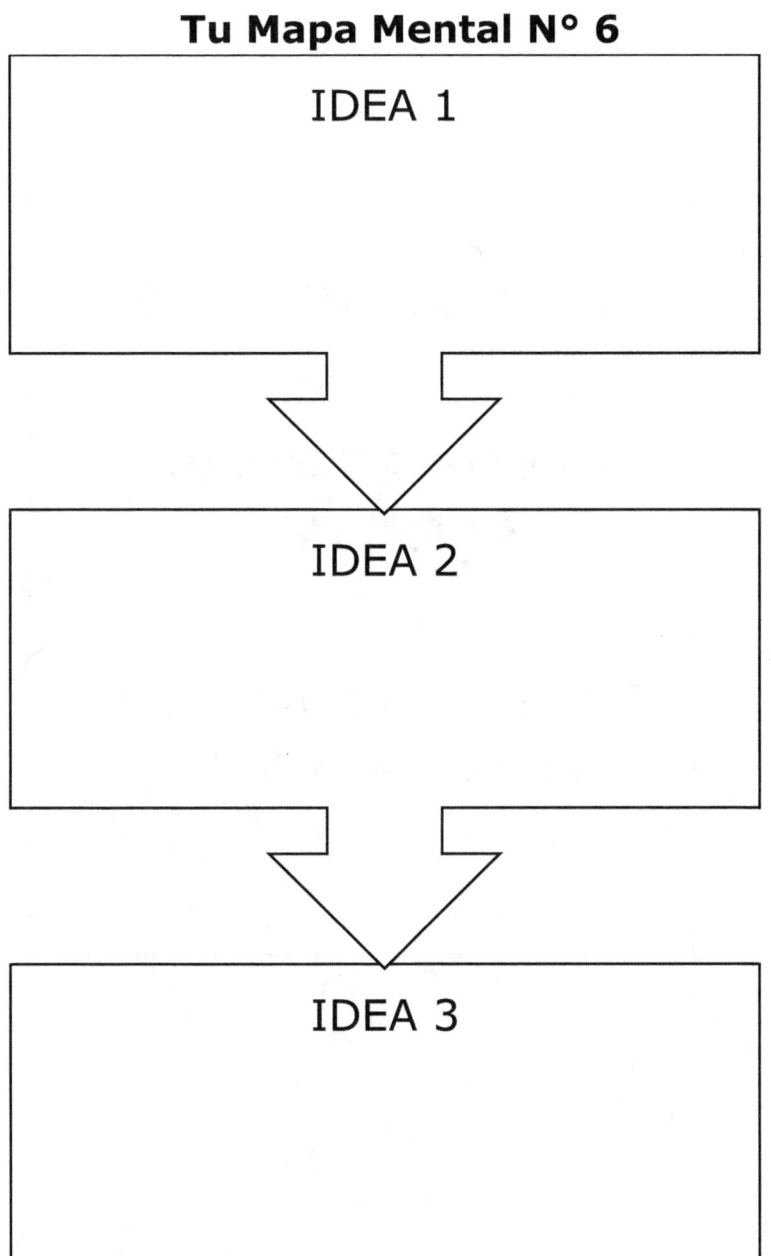

SÉPTIMO SECRETO

COMUNICACIÓN ASERTIVA

Para ser entrenado en el mes de JULIO

CAPÍTULO VII
Séptimo Secreto

Empezamos con una comunicación asertiva, que vas a tener que ejercitar todos los días. Es un gran reto para ti, porque si tienes miedo escénico, te cuesta hablar en público y no sabes.

¿Cómo expresarte bien?

En este mes tienes que estar dedicado exclusivamente para fortalecer tu comunicación asertiva de manera eficaz y efectiva, para que las proyectes al máximo.

Coloca esto a tu favor porque es una cualidad que está siendo bien remunerada en los trabajos y es una de las habilidades más demandadas durante la pandemia y postpandemia así que empieza a realizar ejercicios de una comunicación asertiva.

Un ejemplo aquí y lo comparto también en mis cursos y la Serie Recursos Humanos, esta vez no vas a tomar un lápiz y papel, sino agarra tu teléfono celular y grabarás un vídeo presentándote empieza por solo ti.

En una habitación, donde te sientas cómodo, empezarás a grabar una presentación personal, aquí es un reto que lo pongo así, claro y contundente.

*¿Cómo te presentas a ti
hacia los demás hacia
unos ejecutivos hacia una
empresa?*

¿Cómo te proyectas?

¿Sonríes?

Si no sabes está bien, lo reconoces y si te da miedo grabar, es el momento de romper si le tiene miedo a una cámara.

¡Imagínate que te presentes en un gran auditorio!

Sería fatal así que mi intención con este reto es que te desenvuelvas mucho más, para ganarlo, deberás tomar las riendas de tu comunicación asertiva, la primera grabación puede ser fatal pero la segunda será mejor y a la tercera súper genial.

Así la práctica de la comunicación asertiva y eficaz, diariamente vas a realizarla todos los días, un día que no lo hagas, es un día que vuelves hacia atrás; la comunicación se hizo para entrenarla, no importa las limitaciones que tengas ponlo a tu favor, porque estoy 100% segura que es lo que te va a dar esa proyección de bienestar laboral y excelente profesional.

Hemos venido con la flexibilidad, la orientación de resultados, la autorregulación, el manejo de tus

emociones, cobran vida aquí con esta
comunicación eficaz porque una vez que
sabes que manejas bien tus emociones,
que te proyectas sin depresión, sin estrés
libre de esas enfermedades o malos
hábitos que puedas tener.

Con esta comunicación proyectas el
líder que hay en ti y ese liderazgo, ese
buen trabajador, se vuelve un
emprendedor totalmente seguro para ser
avasallante en todo lo que realice.

Así que a ponerlo a tu favor
grabando, exponiendo a otras personas
tu parecer.

¿Cómo te proyectas?

*¡Siempre con una bonita
sonrisa que proyecte el
gran profesional que eres!*

***

Mapa Mental N° 7

COMUNICACIÓN
ASERTIVA

Hablar en
público

Vencer miedo
escénico

Fortalecer
eficaz y
efectiva

Ejercicios
contundentes
y claros

Práctica
continua para
entrenarte

Liderazgo

Emprendedor
seguro

Tu Mapa Mental N° 7

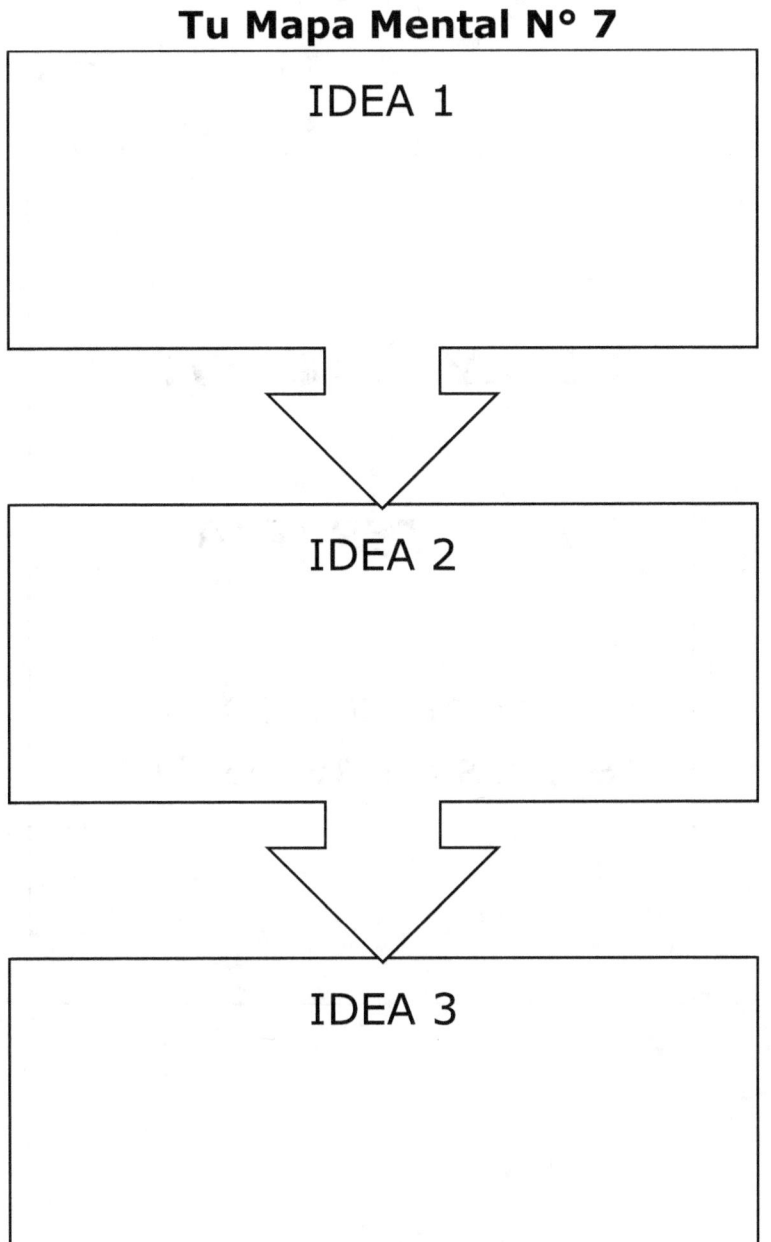

OCTAVO SECRETO

ARTETERAPIA

Para ser entrenado en el mes de AGOSTO

CAPÍTULO VIII
Octavo Secreto

En este mes el gran reto que te propongo es a través de la creatividad y la imaginación así que si dentro de ti hay un artista o no lo hay durante agosto es necesario que lo pongas a ejercitar. Vas crear algo que nazca en ti a través de la arteterapia.

Es una herramienta que todos los profesionales deben tener en su vida, cualquier persona incluso desde niños deberíamos aplicarla a nuestra vida, porque es lo que nos va a sanar frente a cualquier adversidad que se nos presente.

La arteterapia consiste en dejar llevar nuestra imaginación a través de la pintura, del arte; no necesariamente tienes que ser un gran artista o un gran facilitador de estas Bellas Artes, aquí es agarrar un cuaderno lo que tú quieras y crear libremente.

Ponerte creativo con lápices, colores, marcadores, acrílicos, dejar volar tu imaginación, es una manera de liberar el estrés, va de la mano con el manejo de las emociones, pero aquí va sumando porque en una habilidad que si la practicas; va agregando valor positivo, te ayuda a visualizar lo que quieres.

Te propongo, colocar los objetivos que tengas, revisarlos nuevamente a través de esta creatividad e imaginación que durante el mes de agosto debes seguir explorando esta práctica.

Necesariamente, ser aplicada al menos una vez cada semana, es decir, todos los lunes o todos los viernes del mes de agosto; en su mayoría si es posible realizarlo una vez cada día 5 minutos, realiza un trazo como quieras, no importa si es solamente a la antigua, con bolígrafo, un solo color o multicolores.

La idea es que vayas avivando la creatividad a través de los lienzos que empiezas a crear, si no te gusta tómalo como un momento para aprender algo inexplorado, que no tenías el conocimiento y vas a sumarle la música de tu preferencia mientras dibujas. Mientras realizas arteterapia, coloca una música que te guste para que te relajes, para que te sientas mucho más satisfecho.

Ya pasaste mediados de año y empiezas otra vez a ver.

Tómalo como este estadio de esparcimiento donde vas a avivar las ideas.

¿Cómo visionar fin de año?

¿Qué es lo que te pasó?

¿Cómo te ocurrió?

¿Qué puedes mejorar?

En este ejercicio de arteterapia lo
más indicado es que proyectes a través
de esto todo eso que está reprimido, las
vivencias positivas que has vivido
también están reflejadas; porque libera
todas las cargas que uno puede tener y
es muy gratificante cuando ves en un
lienzo el resultado final.

El arte es mucha imaginación y se
vale todo así que te dejo este reto desde
agosto con mucha creatividad e
imaginación a través de arteterapia.

Mapa Mental N° 8

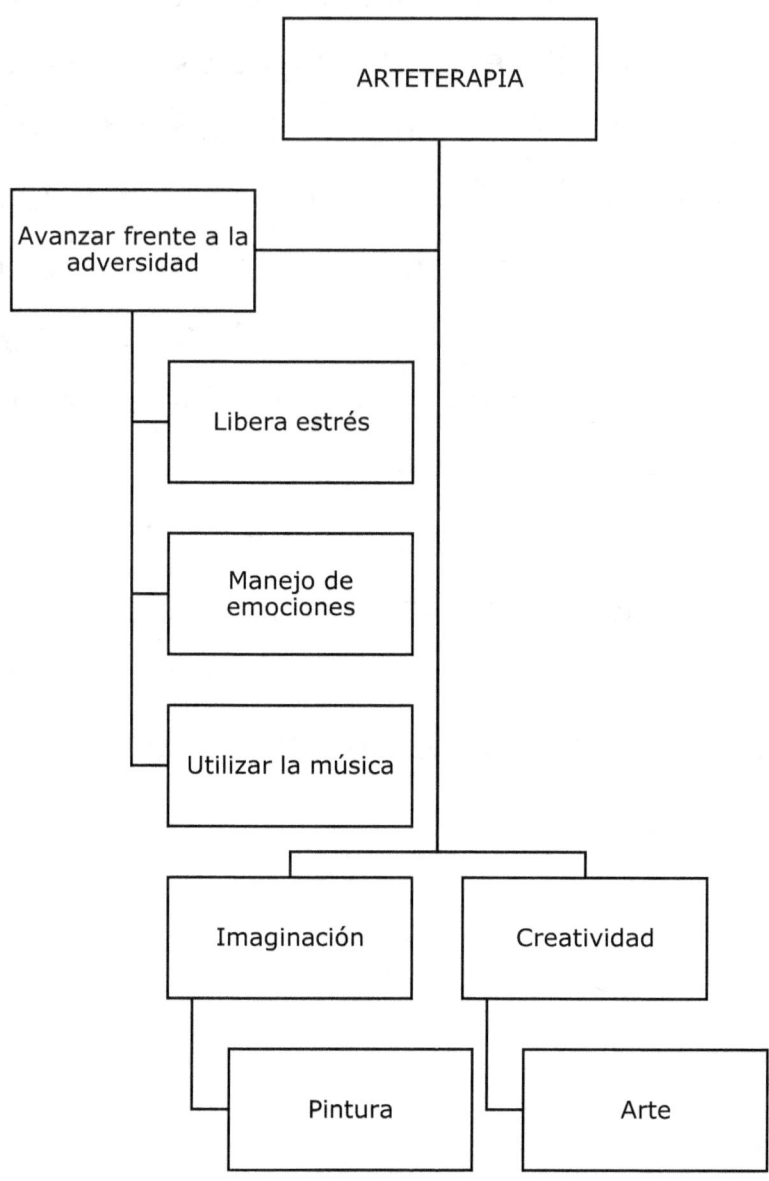

Tu Mapa Mental N° 8

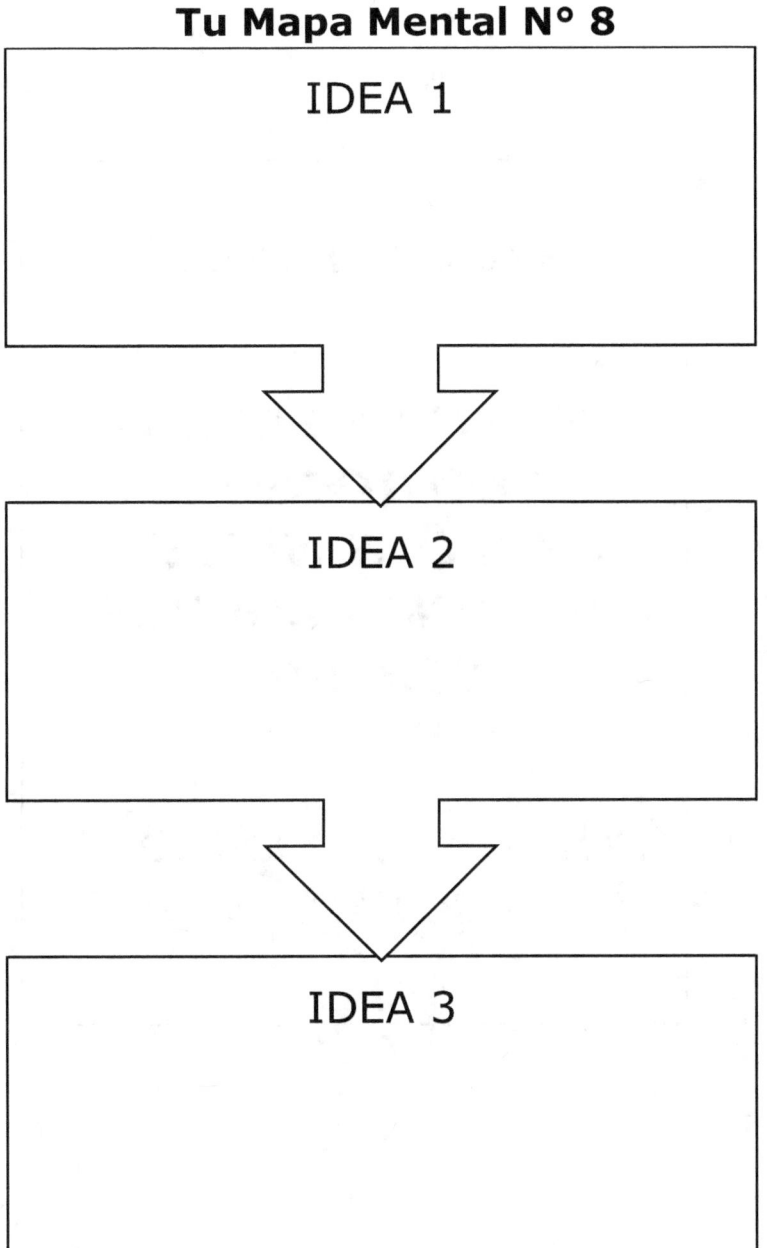

NOVENO SECRETO

CONOCIMIENTOS TÉCNICOS Y PROFESIONALES PARA UNOS BUENOS INGRESOS

Para ser entrenado en el mes de SEPTIEMBRE

CAPÍTULO IX
Noveno Secreto

Después de todo este recorrido de los meses con este gran reto hemos ido fortaleciendo para ser contundentes y hablar de la parte técnica.

¿Qué conocimientos técnicos y profesionales has adquirido?

¿Cómo los estás llevando en tu vida profesional, en tu vida laboral?

¿Cómo te está proyectando?

¿Qué aprendiste en tu vida?

¿Qué nuevos conocimientos tienes?

Si hay algo físico, un curso que hayas realizado y que ya tienes un cartón, algo concreto con estos conocimientos técnicos. Va de la mano con la tecnología, ver cómo a través de ella nos podemos proyectar.

Agarra el lápiz y papel nuevamente y cuenta en un vídeo tus ideas, confronta el antes y el después.

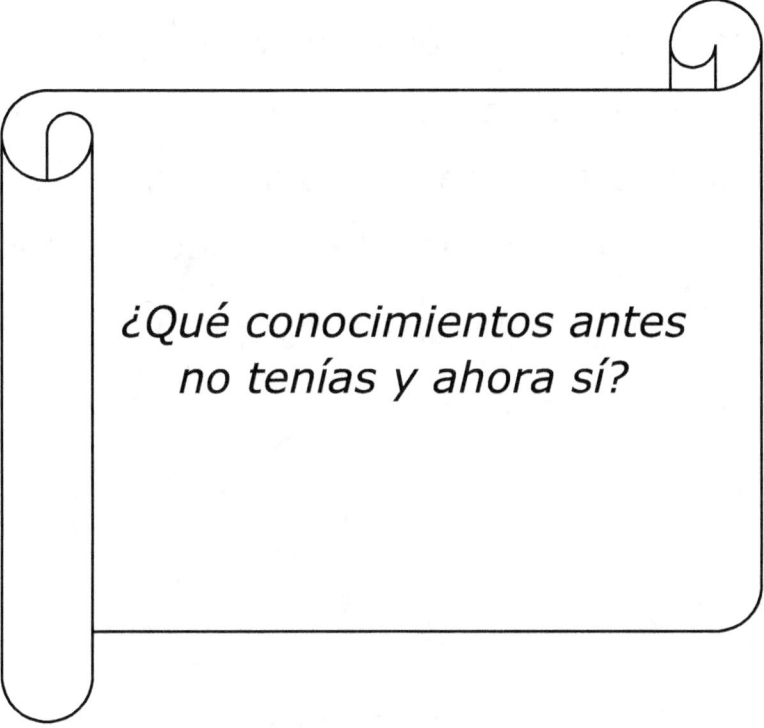

*¿Qué conocimientos antes
no tenías y ahora sí?*

En el mes de septiembre ya tienes el momento de verlo de manera expansiva estos conocimientos profesionales técnicos, lo nuevo que has realizados, que están reflejados en un cartón, en una pared, en un nuevo trabajo, en una en una nueva calidad de vida, que hayas mejorado a partir de todos estos ejercicios.

¿*Cómo te sientes en el
mes de septiembre?*

Con estas habilidades profesionales que has ido sumando, nuevos libros, conocimientos, prácticas que no conocías. Por ejemplo, yo no realizaba arteterapia, pero ahora me ha ayudado a ser más flexible pues antes tenía un solo trabajo, ahora tengo dos, ahora tengo un emprendimiento que empecé con gran determinación y disciplina aplicando todos estos conocimientos técnicos y profesionales que antes no asumía.

Empiezas a saber la importancia de la planificación, que te hable en los anteriores meses como en septiembre nuevamente lo revisas y se evidencian resultados.

*Si has logrado tus
objetivos*

*¿Por qué no los has
logrado?*

Uno de los aspectos importantes es que no te juzgues, no te des con el látigo del autocastigo, es momento de decir lo siguiente.

*¡Me detengo, reviso y
avanzo!*

Proyecta desde este conocimiento técnico – profesional que tienes, le has sumado y has prestado atención a los demás meses, es momento de revisar porque todavía no finaliza el año para fortalecer este gran reto.

***

Mapa Mental N° 9

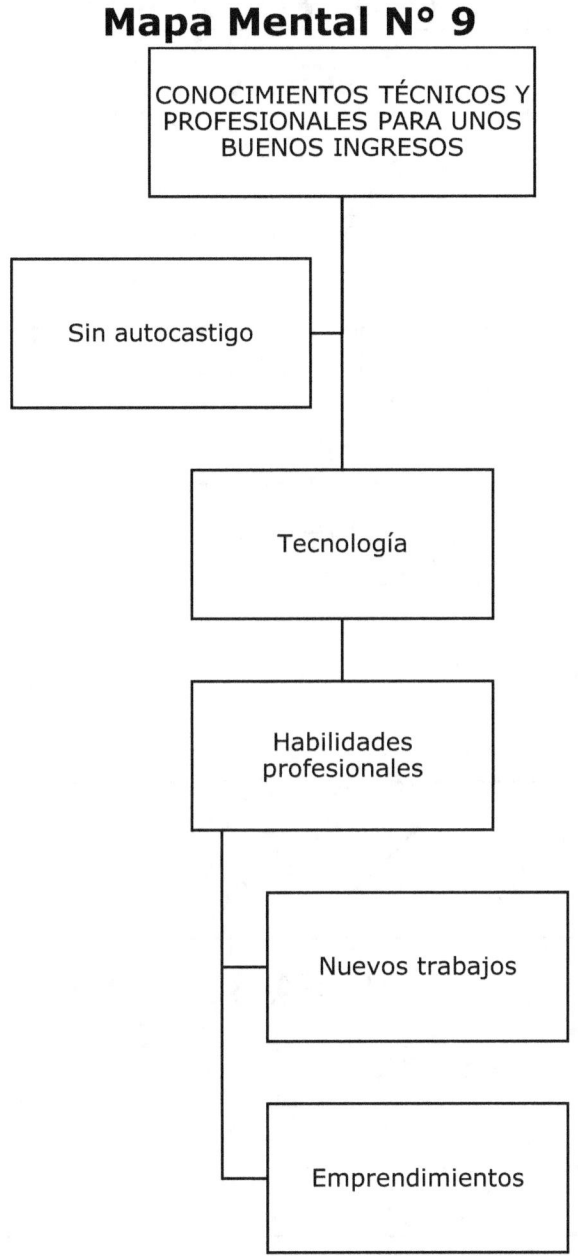

Tu Mapa Mental N° 9

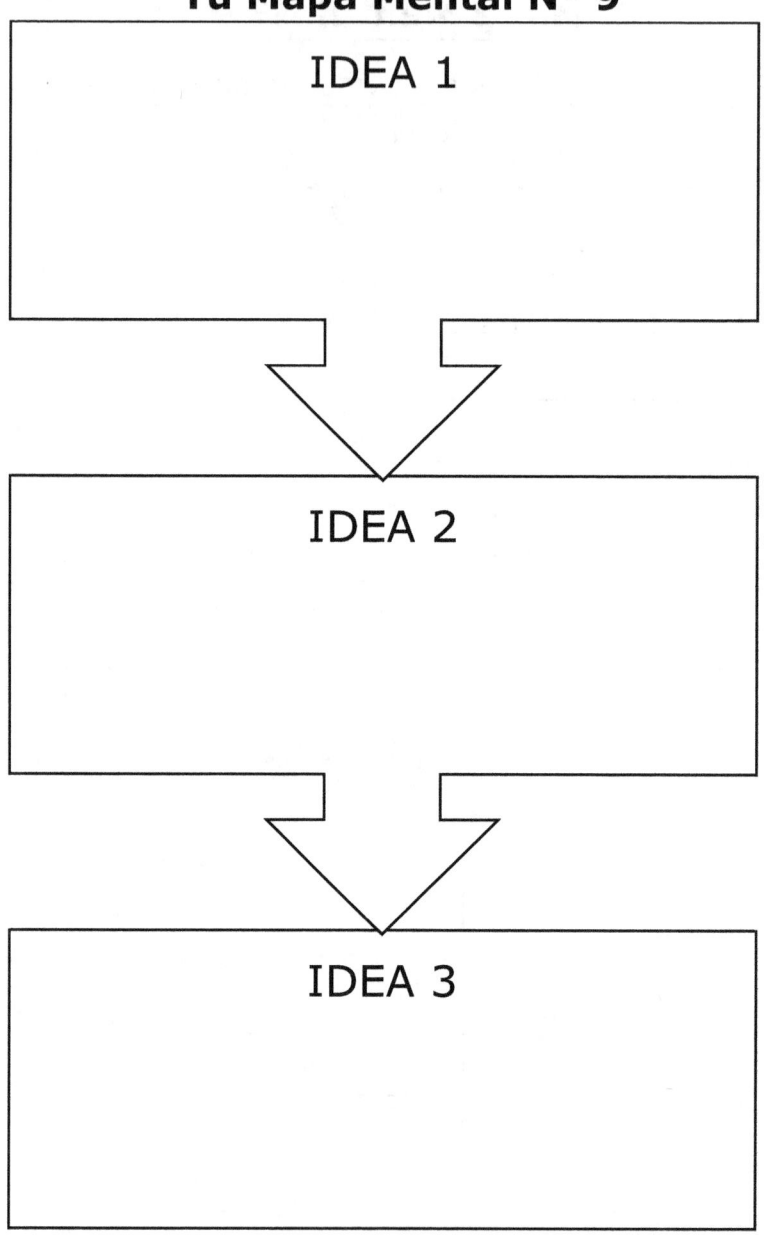

DÉCIMO SECRETO

MÁS INGRESOS

Para ser entrenado en el mes de OCTUBRE

CAPÍTULO X
Décimo Secreto

Ya veníamos trabajando el emprendimiento con nuevas fuentes de empleo y la forma de autoempleo.

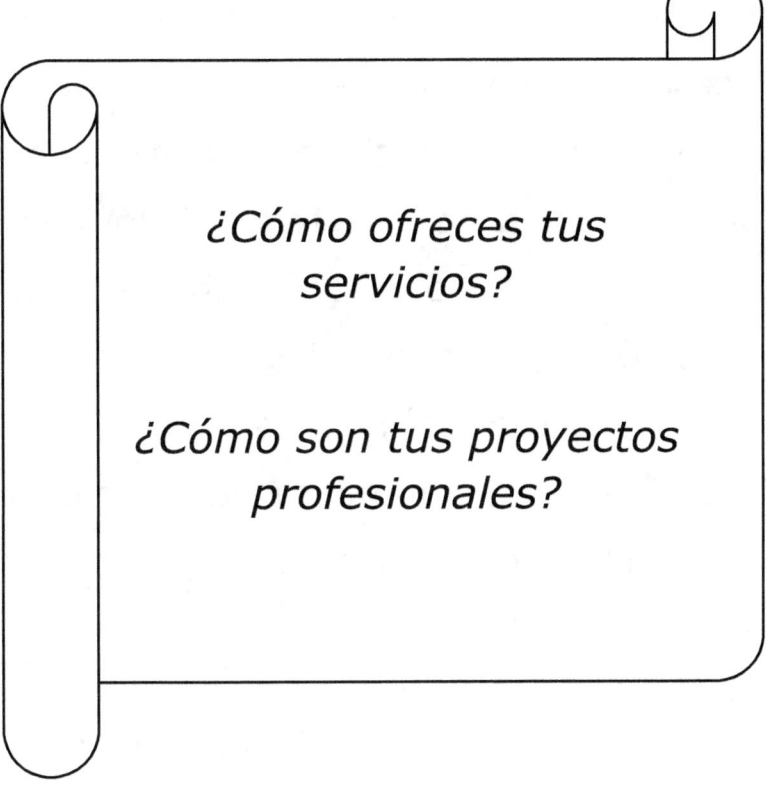

¿Cómo ofreces tus
servicios?

¿Cómo son tus proyectos
profesionales?

En octubre vas a tener nuevos ingresos, sumándole el término de las inversiones, vas a aprender sobre nuevas formas de empleo pero a través de las inversiones que puedes realizar, es necesario que te formes en inversiones; no inviertas de la noche a la mañana con cualquier persona que te diga, fórmate continuamente, por eso te hablaba de la formación en el conocimiento.

En octubre, no ha llegado a diciembre, es momento de agarrar camino si no lo has hecho.

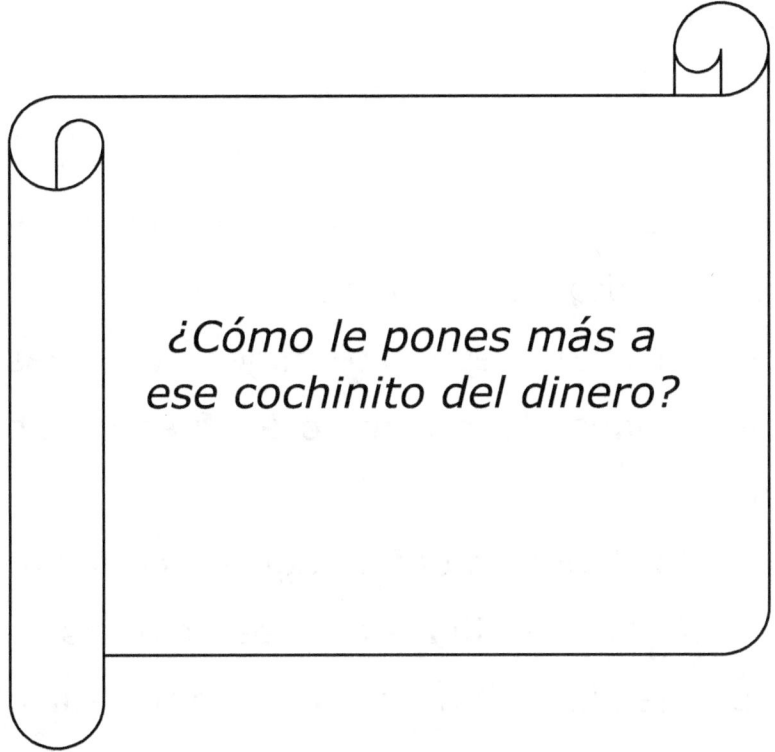

¿Cómo le pones más a
ese cochinito del dinero?

Vas metiendo en una cuenta Bancaria o empezando tu primera inversión tomando como referencia los siguientes aspectos.

Primero, busca el mejor mentor que puedas tener, no agarres cualquiera por allí, gente que esté formada y capacitada; que ofrezca de manera responsable ese término de las inversiones, lograr mejores fuentes de ingresos.

Si tienes trabajo, llegó el momento de invertir, de utilizar esas tecnologías de las inversiones por unas criptomonedas, por ejemplo, digamos que es la parte más sencilla dentro de lo difícil y complejo de las inversiones, porque puedes invertir desde poco y así ir escalando, no dejes eso para dentro de 10 o 20 años; es el momento ahora porque muchos de los trabajos que vas a empezar.

En un par de años a pagar con criptomonedas y es el momento de aprender así que octubre es un momento perfecto para formarte en esta área, muchos buscan fuentes de información oficiales, que te nutran, siempre recomiendo en este aspecto, es que informes bien, nunca realices una inversión sin conocimientos.

Esto no es una recomendación de inversión es saber que antes de cualquier acción donde esté involucrado tu dinero, siempre deberás tener conocimientos previos en inversiones.

Ya estás obteniendo mejores ingresos, es momento de invertir y duplicar lo que tienes pero con formación, a través de cursos, talleres, conferencias y personas capacitadas.

No le creas a cualquier gurú por allí que crezca de la noche a la mañana, es mi responsabilidad explicarte que no le creas a cualquiera persona, busca las referencias de esas personas, utiliza Google, si es conocido o no busca su referencia profesional, busca una academia que te forme en ese aspecto.

Como te digo es un paso que paulatinamente se va creando, pero es necesario que lo coloque allí como un gran reto de este año para que no pase desapercibido dentro del bienestar laboral y personal que estás fabricando.

***

Mapa Mental N° 10

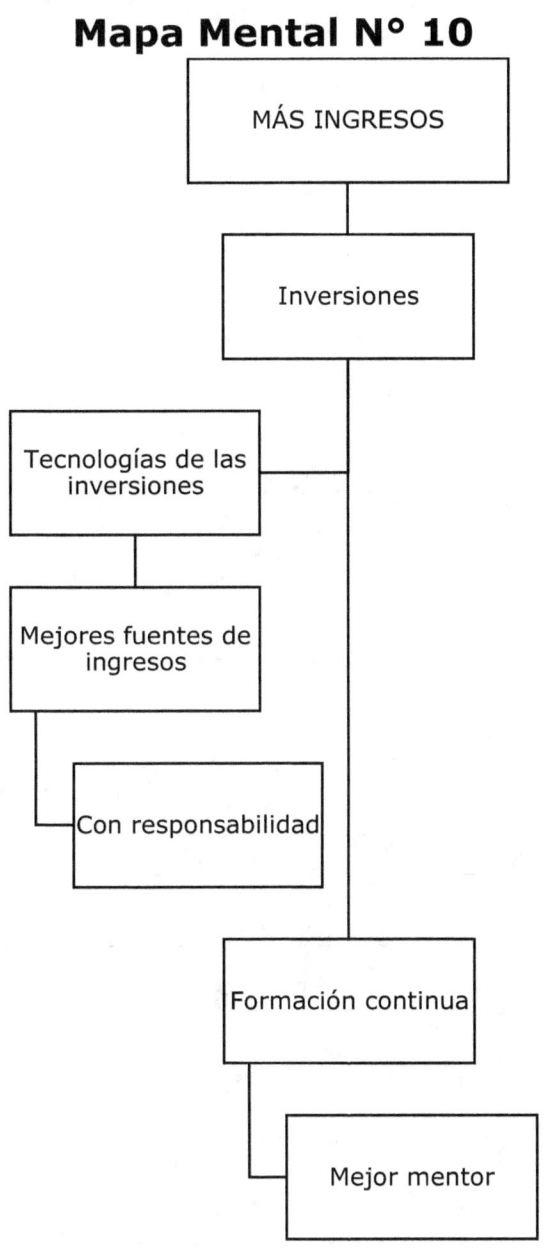

Tu Mapa Mental N° 10

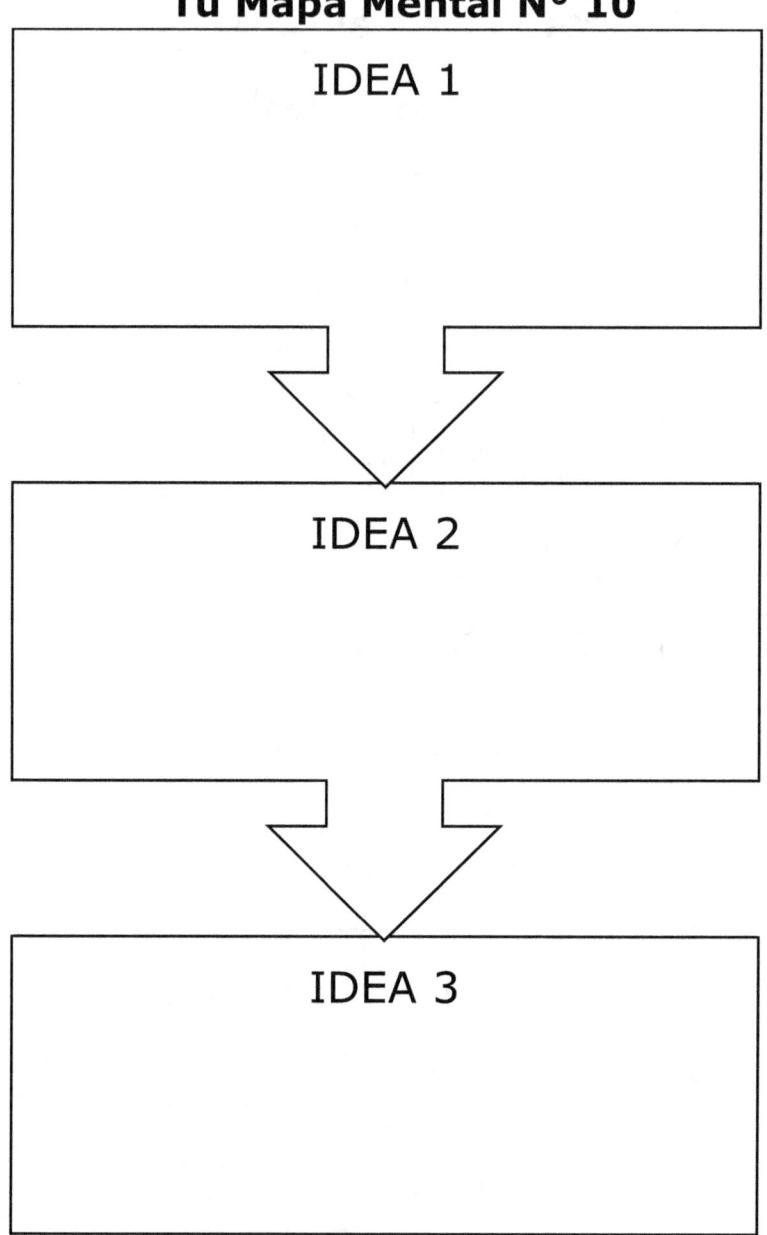

DÉCIMO PRIMER SECRETO

CONSTRUYE SOBRE ROCAS SÓLIDAS

Para ser entrenado en el mes de NOVIEMBRE

CAPÍTULO XI
Décimo Primer Secreto

Ya has venido creando esta terapia de adaptabilidad y flexibilidad a través de valores, de ese amor propio que proyectas en tu vida profesional pero es momento de construir sobre rocas sólidas, algo nuevo algo estas por crear que puedas impactar más adelante a los demás.

Vas a empezar a construir si no es un emprendimiento, un trabajo propio para tu beneficio y no me refiero conseguir un empleo sino algo propio algo que les dejes a tus generaciones,

quieres construir una nueva casa,
construir un nuevo jardín, construir algo
que le quede a mis hijos a mis
generaciones; si no tienes hijos aumenta
los esfuerzos, aquí quieres dejarle un
legado en esta vida los seres humanos.

No nacimos para venir a sufrir al
mundo para llorar para amargarnos,
venimos a ser felices y qué mejor manera
es ir dejando un legado en el momento
que partamos de esta vida.

¿Cuál es el legado que
quieres dejar?

Que tenga bases fuertes como la roca fuerte, que nada lo destruya, construye algo que por más pequeño que sea incluso. Sembrar una planta, un pequeño árbol, que dentro de 20 años esté gigantesco eso es dejar un legado.

El mar está lleno de cada gota de agua y va formando uno gigantesco, así mismo el árbol, esa planta que tuviste la generosidad de brindarle al medio ambiente en este mes de noviembre va a quedar; le va a dar vida a otras personas a través de ese oxígeno que van a respirar es la manera como dejas algo sólido, así venga un huracán que destruye casi todo pero muy posiblemente esas raíces sigan allí y vuelvan a crecer en un árbol grandísimo.

Con esta idea, con esta iniciativa te dejo estas reflexiones cuál es su legado sobre rocas sólidas que estás dejando en este mes de noviembre como el gran reto.

***

Mapa Mental N° 11

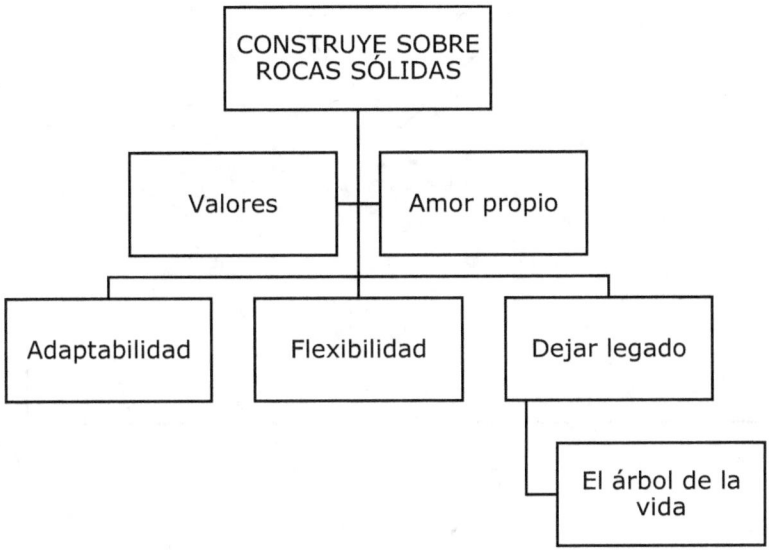

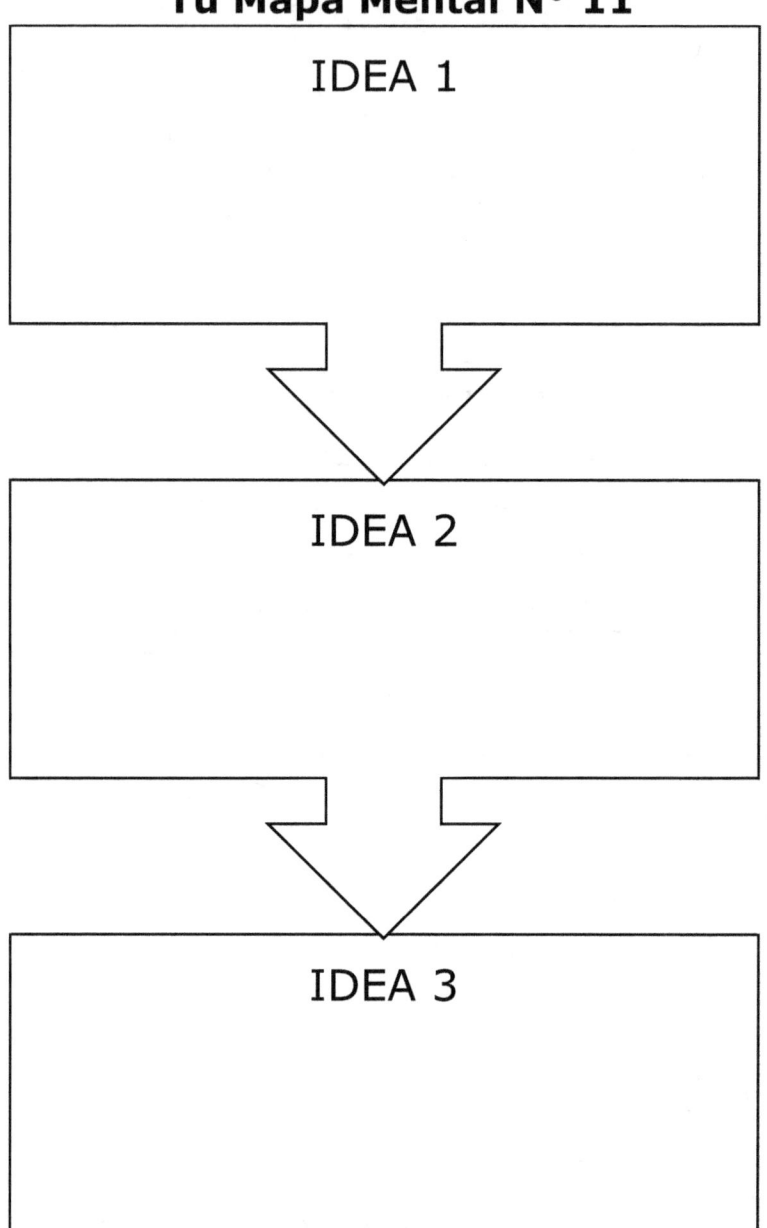

IDEA 1

IDEA 2

IDEA 3

DÉCIMO SEGUNDO SECRETO

EL REENCUENTRO

Para ser entrenado en el mes de DICIEMBRE

CAPÍTULO XII
Décimo Segundo Secreto

El reencuentro de todos estos meses llega a su máximo esplendor ya que diciembre es el mes donde se muestran más experiencias, donde lloramos, recordamos lo que realizamos, lo que dejamos de hacer, lo que queremos realizar.

Nos proponemos metas pero simplemente hay que dejar fluir.

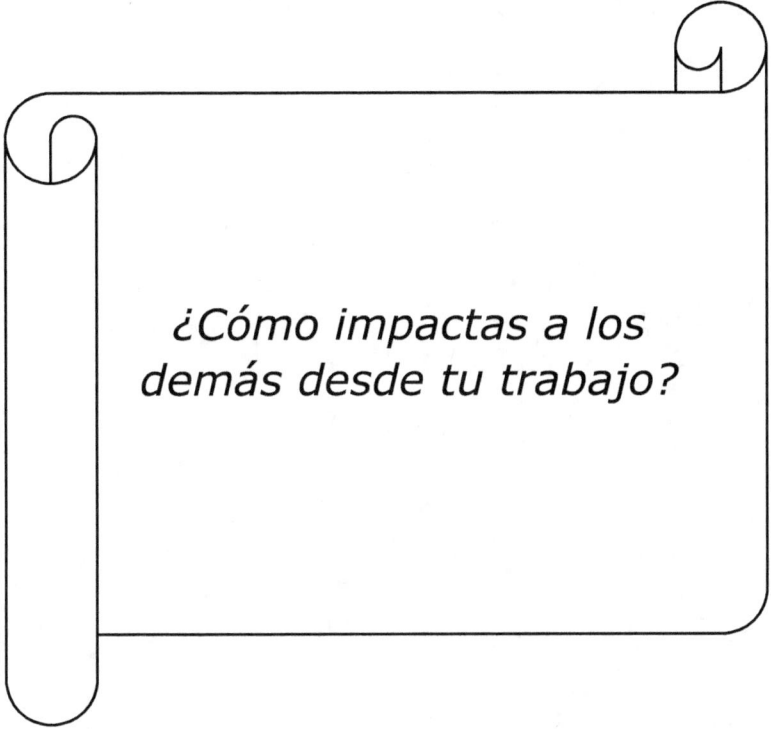

¿Cómo impactas a los
demás desde tu trabajo?

Has venido desarrollando en privado, este gran reto, que es lo que le vas a dejar a los demás, así como el legado, lo proyectas durante el mes de diciembre.

*¿Qué actividad vas a
realizar en concreto que
beneficia a otros en
términos de sensibilidad y
amor por la naturaleza,
por el más necesitado?*

Por el niño que no tiene zapatos, por la abuelita que la abandonaron, los nietos y sus demás familiares la abandonaron en un asilo.

*¿Cómo podemos dar amor
a los demás aquí en el
mes de diciembre?*

*Es avivar nuestro espíritu
de altruismo y sólida
solidaridad a través de la
bondad la generosidad,
potencia.*

*¿Cómo puede florecer ya
ha venido con un año
extraordinario a través del
compromiso de la
responsabilidad contigo
mismo?*

En diciembre proyecta ese amor hacia otros, llévale dulces caramelos regalos, dentro de tus propias necesidades, dentro de tus propias limitaciones.

No vayas a querer donarle a niños en la India si vive en Latinoamérica, se trata de dónde vives y de amor a otros; durante diciembre que el mes para compartir de reencontrarnos, si la familia está a la distancia, está muy lejos pues es momento de estrechar y avivar lazos.

Si quieres darles a personas desconocidas, es un momento de donar lo que tienes y darle vueltas, de girar, activar esa energía y ese amor desde ti hacia los demás.

***

Mapa Mental N° 12

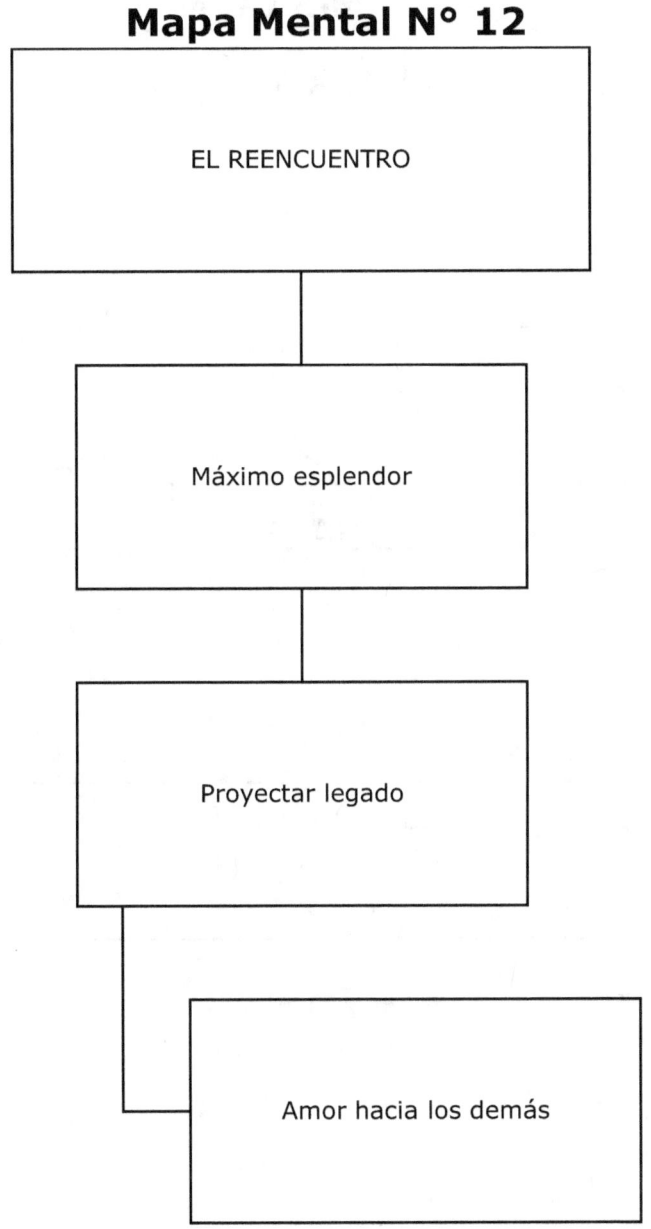

EL REENCUENTRO

Máximo esplendor

Proyectar legado

Amor hacia los demás

Tu Mapa Mental N° 12

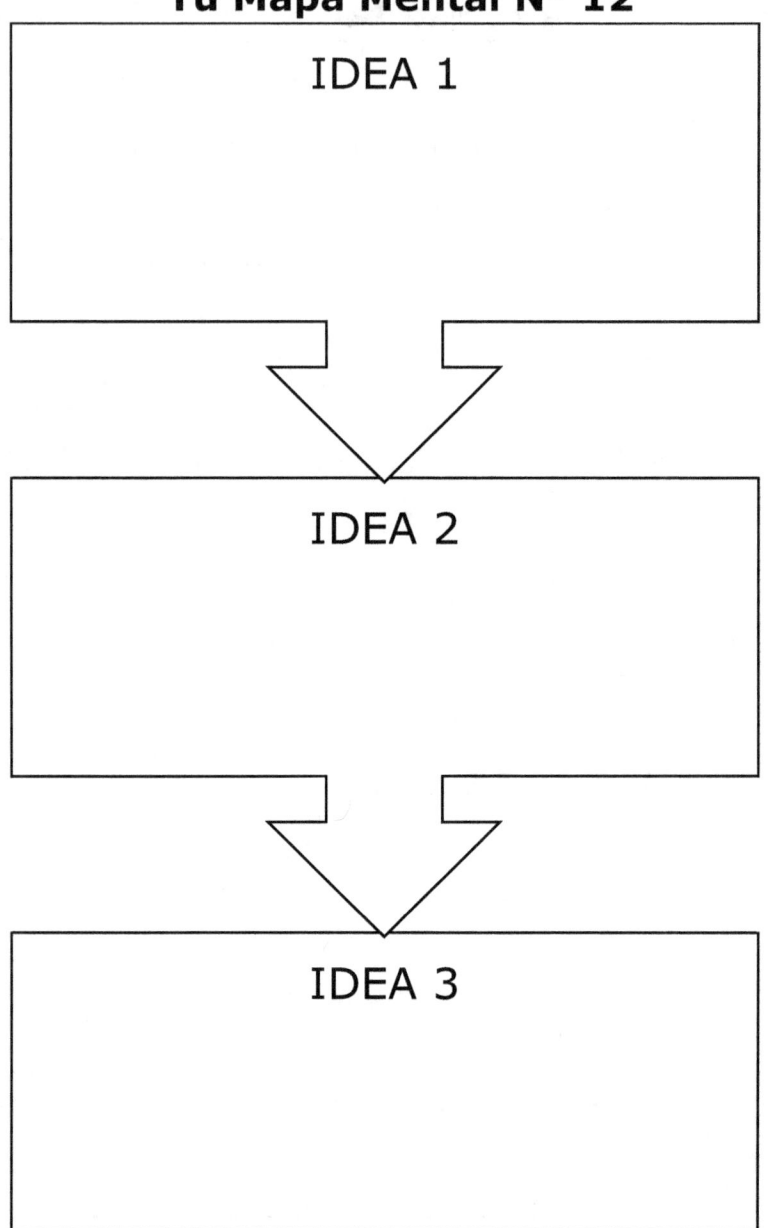

REFLEXIONES DE LA AUTORA

Para finalizar quiero agradecerte que hayas llegado hasta aquí, porque me llena de mucha satisfacción que tomaste en serio tu formación profesional, tus cambios personales y laborales.

El compromiso como leíste desde un comienzo, empieza en ti, en esta formación como líder, en lo personal que tomes la batuta a tu favor; siempre se van a presentar obstáculos pero cada vez que sientas un declive quiero traerte de nuevo a estos 12 Desafíos de los Recursos Humanos como un Gran Reto, porque tus dones esa visión de vida, serán contundentes durante todos estos 12 meses y nuevamente los pongas en práctica.

Mi invitación siempre ha sido tomar lápiz y papel, interiorizar lo aprendido, ponerlo en práctica siempre.

Te voy a poner otro gran reto porque siempre me gusta que pongas gallitos mentales a tus neuronas para que sigas trabajando.

¿Qué agregarías adicional a esto que te estoy diciendo de los 12 Desafíos de los Recursos Humanos como un gran reto de vida personal y laboral?

*¿Qué le estás agregando
según tu propio parecer?*

Te doy unas pistas, para muchas personas, empezarán a rotar, liderando.

"Yo prefiero que lo que me dijiste en octubre vaya para enero yo prefiero que lo de marzo vaya para finales de año porque mi prioridad es esta".

*Mi intención y tu accionar
es que rompas ese molde.*

*¿Cuál es tu gran reto de
vida?*

Gracias de mi parte de este libro por ser mi lector, por inspirarme a seguir escribiendo en esta Serie Recursos Humanos, te lo agradezco de corazón.

Comparte lo aprendido y comenta coloca en las redes sociales.

Siempre leo mis lectores, 100% en todos mis libros y programas educativos, te dejo un regalo y es el cuaderno de trabajo, aprovéchalo y vuelve aquí cada vez que lo necesites para seguir construyendo tu bienestar personal y laboral. Gracias nuevamente Gracias mis lector amado. Gracias por estar aquí y disfrutar de estos 12 Secretos y Desafíos de los Recursos Humanos.

*Coloca un video de todo
lo aprendido en este
libro en tus redes
sociales y etiquétame
#MarbellaMoyaOchoa*

***

CUADERNO DE TRABAJO

El cuaderno de trabajo que se presenta a continuación contiene tres partes de ideas principales y secundarias que deberás completar. Además es cuadriculado para estimular la imaginación y la creatividad, utilízalo con total libertad y así fortalecerás tu mente brillante.

Idea principal 1

Idea secundaria 1

Idea principal 2

Idea secundaria 2

Idea principal 3

Idea secundaria 3

REFLEXIONES DEL LECTOR

Reflexiones del lector es una innovación para que la persona pueda razonar lo leído y ponerlo en práctica.

Desde una serie de preguntas de todo el contenido del libro, el lector puede responder según su criterio propio, haciendo que la lectura vaya más allá de lo tradicional porque se refuerza el aprendizaje y coloca al lector como participante activo de cada palabra escrita, generando una interacción indisoluble entre escritor y lector.

Esta relación es dinamismo, en la medida que la lectura se refuerza grandiosamente y motiva a transformar nuestro mundo de lo estático a lo movible, porque la lectura de cualquier libro es movimiento de ideas y en definitiva las reflexiones del lector complementan el intelecto de las personas.

Según lo leído ¿Qué es para ti los 12 Desafíos?

Los diferentes poderes no son estáticos. ¿Cómo aplicas estos 12 desafíos a la sociedad?

_____

_____

_____

_____

_____

_____

_____

_____

_____

¿Cómo crees que estos secretos se aplican en el escenario mundial?

¿Cómo se aplicaría lo aprendido en este libro en la sociedad para su aprendizaje?

_____

_____

_____

_____

_____

_____

_____

_____

_____

_____

_____

¿Qué cambios en el aprendizaje de la
Administración y las prácticas laborales
deben existir en la actualidad?

AUTOBIOGRAFÍA INTELECTUAL

ESCRITORA

POLITÓLOGA

ADMINISTRADORA

Nací en la ciudad de Caracas en Venezuela. Profesional en Ciencias Políticas y Administración con más de 13 años de experiencia. Especialista en Derechos Humanos.

Soy una mujer multifacética como escritora, Politóloga y Administradora, Emprendedora empedernida y Mentora de Recursos Humanos por convicción.

Graduada en el 2010 de Licenciada de Ciencias Políticas y Administrativas de la Universidad Central de Venezuela, mención Politología. Simultáneamente obtengo el título de Licenciada en Administración Mención Recursos Materiales y Financieros de la Universidad Nacional Experimental Simón Rodríguez. En ambas dentro de los 10 primeros de la promoción.

Desde el 2018, asumo el compromiso de ser CEO – Presidenta de la Fundación Educando Para La Paz FEPAZ WORLD, promoviendo una cultura de la paz en derechos humanos del niño y la familia que construye la convivencia fraterna sin exclusión.

En el mismo año, incursiono como Escritora independiente para Amazon.com, Inc. o sus filiales.

En el 2020, Amazon.com, Inc. o sus filiales., me concede el reconocimiento

Amazon Influencer en redes sociales y a través de ellas enseño sobre la realidad política, social y económica de los países, desde lo humano enfocándome en trabajar por un mundo mejor por amor a la infancia.

En el 2022, logro impulsar FEPAZ World Academy en más 100.000 estudiantes de 135 países.

En el 2023 inicio la Academia y Consultora en Recursos Humanos – ARH Internacional, para impulsar el bienestar personal y laboral de las personas de manera innovadora y exponencial. En el mismo año empiezo la Academia de Derechos Humanos – ADH Internacional.

Como rasgos sobresalientes estoy formada académicamente en Política, Administración, Economía, Estadística, Psicología, Filosofía, Historia, Sociología,

Relaciones Internacionales y Derecho, para observar el entorno de manera global, crítica y objetiva.

LIBROS PUBLICADOS EN AMAZON.COM, INC. O SUS FILIALES.

Serie Recursos Humanos

RECURSOS HUMANOS
Volumen I Habilidades Ágiles:
Conviértete en un experto en liderazgo y
desarrollo de equipos de alto rendimiento.

RECURSOS HUMANOS
Volumen II Desafíos Profesionales:
Aprende el arte de liderar equipos efectivos.

RECURSOS HUMANOS
Volumen III Gestión Del Talento En La Era
Digital:
Desarrolla estrategias de alto impacto
empresarial.

Serie Novelas Humanas

CLARAESTEBAN: El holocausto de la esperanza.

Serie Ciencias Políticas

DERECHOS DEL NIÑO: Derechos Humanos.
COSTA RICA DE LA GUERRA A LA PAZ
DURADERA.
NOCIONES DE FORMACIÓN CIUDADANA PARA
LOS DERECHOS DEL NIÑO.
LA POLÍTICA, LO POLÍTICO Y EL POLÍTICO:
Tres visiones un mismo sentido.

Serie Mundo De Niños

LA MAGIA DE LA SOLIDARIDAD: Cuento
infantil.
MUNDO DE NIÑOS: Un libro para leer en
familia.
MUNDO DE NIÑOS: Un libro para colorear en
familia.

Serie Poemas

DESDE EL CORAZÓN: Poemas I.

Serie Cuentos Humanos

LA SOMBRA DE LA JUSTICIA.
UN CADÁVER SOBRE LA MESA.

Mis redes sociales

Marbella Moya Ochoa RRHH

_Youtube / Instagram / Facebook: @marbellamoyaochoa_rrhh_

Twitter: @marbella_rrhh

Para ver más de cualquier serie visita mi tienda en

Amazon, Inc.

https://www.amazon.com/shop/mymarbellaochoa

La publicación de esta obra la realizó:

Marbella Yeniree Moya Ochoa.

De manera independiente, publicada en Amazon.com, Inc. o sus filiales.

Esta obra se publicó el 25 de junio de 2023.

En Caracas – Venezuela.